BESSER FÜR BEIDE

DIE TÜRKEI GEHÖRT IN DIE EU

Standpunkte: unbequeme Einsichten, provokante Ansichten, weitsichtige Vorschläge. Die sich in der Essayreihe »Standpunkte« zu Wort melden, wollen die Debatte über grundsätzliche und aktuelle Fragen der Politik vertiefen und in die Breite tragen. Die Klarheit der Argumentation lädt den Leser ein, die eigene Meinung zu schärfen – und sie ebenso energisch zu vertreten.

Besser für beide
Die Türkei gehört in die EU

EIN STANDPUNKT VON RUPRECHT POLENZ

edition Körber-STIFTUNG

FRANKFURTER ALLGEMEINE ZEITUNG: *»Die eigentliche Frage aber bleibt die geographische Grenze. Sie sagen, die Türkei könne Mitglied der EU werden, vorausgesetzt, sie erfüllt die Kriterien.«*
HELMUT KOHL: *»Das haben wir immer gesagt.«*

(im Gespräch am 22.01.2004[1])

Roger de Weck

Kraft der Aufklärung

In der Außenpolitik sind die Interessen oft stärker als die Argumente. Zwar spricht vieles dafür, der Türkei den Beitritt zur Europäischen Union offenzuhalten. Aber das ist unpopulär. Und wer will offensiv eine Position vertreten, die Stimmen kostet, statt Stimmen zu bringen? Einer tut es: In diesem Buch schreibt Ruprecht Polenz gegen die öffentliche Meinung und die eigene Partei an. Der Christdemokrat, Vorsitzender des Auswärtigen Ausschusses des Bundestages, erweist damit der Demokratie einen Dienst: Er hält sich an den Artikel 38 des Grundgesetzes, wonach Volksvertreter »nur ihrem Gewissen unterworfen« sind. Demokratie ist auf erkenntnisorientierten Dialog angewiesen, was aller Fraktionsdisziplin widerspricht. Legt jede Partei ihre Einheitsmeinung fest, kommt es zum Schlagabtausch und nicht zum weiterführenden Austausch von Argumenten. Letzterer ist unerlässlich, damit die öffentliche Meinung nicht stehenbleibt, sondern sich entwickelt und bildet, durchaus im aufklärerischen Sinne.

Auf die Aufklärung baut Polenz, ihre Kraft bringt Türkei und EU voran. »Die Türkei würde zum Zeitpunkt des Beitritts eine andere sein, als sie es heute ist«: Im Zuge des jahrelangen Beitrittsprozesses wäre sie zum Beweis geworden, dass Islam, Demokratie und Rechtsstaat vereinbar sind. Doch dieser Prozess eröffnet auch der Europäischen Union eine Chance, nämlich »ein aufgeklärtes Verständnis ihrer Identität zu entwickeln«. Vorurteile hinter sich lassend, stünde diese Union gemäß Wortlaut des EU-Vertrags wirklich »allen europäischen Staaten offen, die ihre Werte achten und sich verpflichten, ihnen gemeinsame Geltung zu verschaffen«. Der Autor präzisiert: »Im 21. Jahrhundert sollten diese Werte in der Universalität definiert und verstanden werden, wie sie von Aufklärung und Französischer Revolution gemeint waren.«

In bester französisch-cartesianischer Tradition der Vernunft argumentiert Ruprecht Polenz in seinem Essay. Ruhig, nüchtern und systematisch entkräftet er ein Argument wider den Beitritt der Türkei nach dem anderen. In diesem Buch finden sich aber weit mehr als die *pros* und *cons*. Hinter der Botschaft und der Vorgehensweise des Autors steht ein zukunftsweisendes Verständnis von Politik: Europas und Deutschlands Aufgabe ist es, die Weltgesellschaft des 21. Jahrhunderts sehr bewusst mitzugestalten. »Eine EU-Mitgliedschaft der Türkei würde aller Welt deutlich machen: Europa will keinen ›Kampf der Kulturen‹.«

Berlin, im April 2010

Besser für beide

Es gibt prinzipielle Gegner einer EU-Mitgliedschaft der Türkei. An sie richtet sich dieses Plädoyer für einen Beitritt der Türkei in die Europäische Union unter der Voraussetzung, dass die Kopenhagener Beitrittskriterien nicht nur auf dem Papier, sondern auch in der gelebten Praxis voll und ganz erfüllt werden.

Ich sehe zwei Hauptgründe für eine grundsätzliche Gegnerschaft. Erstens: Es gebe nun mal eine kulturelle, vor allem religiöse Verschiedenheit, die die Türkei im Vergleich zu »uns« Europäern zu etwas »Anderem« mache. Zweitens: Eine handlungsfähige politische Union sei nach dem Beitritt eines so großen Landes wie der Türkei nicht mehr möglich.

Dabei steht für diejenigen, die die Türkei für unveränderbar und unüberbrückbar »andersartig« halten, das EU-Thema eher stellvertretend für den Wunsch, den Islam auf Distanz zu halten, der einem Angst macht. Wer aus so prinzipiellen Gründen unter allen Umständen gegen eine EU-Mitgliedschaft der Türkei ist, lässt sich auch durch Fortschritte bei der Erfüllung der Kopenhagener Kriterien nicht überzeugen.

Im Mittelpunkt der nachfolgenden Überlegungen stehen deshalb zunächst diese als »K.o.-Kriterien« vorgebrachten prinzipiellen Einwände und die sie stützenden Hilfsargumente. Es folgt ein Blick auf den Stand der Reformen in der Türkei und die Frage, inwieweit sie die Beitrittskriterien bereits erfüllt.

Die Argumente, die derzeit während der laufenden Beitrittsverhandlungen gegen ein Festhalten am Beitrittsziel vorgetragen werden, erschüttern die Verlässlichkeit und Glaubwürdigkeit der EU. Sie reichen angesichts der jahrzehntelangen Beitrittsgeschichte und den bereits zwischen EU und Türkei vertraglich vereinbarten Bindungen nicht aus, um sich als EU vom Grundsatz »pacta sunt servanda« zu verabschieden.

Der EU-Prozess bringt für die Türkei zweifellos große Vorteile mit sich. Er stabilisiert ihre demokratische und rechtsstaatliche Entwicklung, stärkt ihre Wirtschaft und ihren regionalen Einfluss. Und er gibt den weiterhin notwendigen Reformen Inhalt und Richtung.

Ein erfolgreicher Beitrittsprozess eröffnet aber auch der EU große Chancen: Mit einem EU-Mitglied Türkei erhöhen sich die Energieversorgungssicherheit und die Einflussmöglichkeiten der EU in Nachbarregionen wie dem Nahen Osten, dem Kaukasus und der Schwarzmeer-Region, die für unsere Sicherheit wichtig sind. Zudem profitiert die europäische Wirtschaft von einem jungen Wachstumsmarkt. Und vor allem belegt eine EU-Mitgliedschaft der Türkei, dass das europäische Modell von Rechtsstaat und Demokratie auch eine Perspektive für so manch anderes Land mit muslimischer Bevölkerung darstellt.

Ob die Türkei den Weg in die EU schafft, ist offen. Niemand kann heute voraussagen, wie viel Zeit dafür noch gebraucht wird. Beides hängt vor allem von der Türkei selbst ab. Am Ende des Weges wird die Türkei eine andere sein als heute. Wir sollten sie bei ihren schwierigen Reformen unterstützen und ermutigen. In unserem eigenen Interesse.

Die »Türkengefahr« – ein historisches Trauma

In der Mitte von Graz, der Kulturhauptstadt Europas 2003, erhebt sich die Domkirche zum heiligen Ägydius. An ihrer südlichen Außenwand kündet ein Fresko aus dem Jahr 1485 in zeitgemäß drastischer Darstellung von den »drei Plagen Gottes«: den Heuschrecken, der Pest und den Türken.

Die Türken als »Gottesplage« – so weit würden wohl auch die schärfsten Gegner einer EU-Mitgliedschaft nicht gehen. Aber das historische Trauma der »Türkengefahr« wirkt nach bis heute.[2] Und es wird als Argument vorgebracht: Das muslimische Osmanenreich habe rund 450 Jahre lang nahezu unablässig gegen das christliche Europa Krieg geführt. Dies sei im Kollektivgedächtnis der europäischen Völker, aber auch der Türkei tief verankert. Es spreche »darum nichts dafür, eine solche Inkarnation der Gegnerschaft in die EU aufzunehmen«[3], so die scharfen Worte des Historikers Hans-Ulrich Wehler vor knapp zehn Jahren.

In der Tat erinnern ungezählte Prinz-Eugen-Straßen in österreichischen und deutschen Städten an historische Schlachten gegen die Türken. Weit weniger dürfte im Kollektivgedächtnis verankert sein, dass 1683 vor Wien unter Großwesir Kara Mustafa auch protestantische Ungarn auf der Seite der türkischen Muslime kämpften, weil sie unter islamischer Oberhoheit mehr Toleranz genossen als unter den katholischen Habsburgern.[4] Sie waren die »Kruzitürken« und sind uns begrifflich bis heute als alpenländischer Kraftausdruck erhalten geblieben.

Als sich die Osmanen vor über dreihundert Jahren zum

zweiten Mal anschickten, Wien zu erobern, war die Angst vor den Angreifern verständlich. Das Osmanische Reich hatte vom 15. bis ins 17. Jahrhundert hinein sein Herrschaftsgebiet immer weiter über den Balkan bis an die Grenzen Österreichs ausgedehnt. Seine Herrschaftsmethoden waren nicht frei von Grausamkeit, und die Berichte darüber wurden detailreich ausgeschmückt, nicht selten in propagandistischer Absicht, um Widerstandsbereitschaft zu mobilisieren. Immer war die Furcht vor den Türken gleichzeitig eine Furcht vor dem Islam, der »mit Feuer und Schwert« verbreitet werde. So galten die türkischen Muslime als teuflische Vorboten des Antichrist, die nicht nur die physische Existenz der Christen, sondern auch ihr Seelenheil mit einer falschen Religion zu gefährden drohten.[5]

Heute wissen wir es besser. Christen hatten zwar unter den Osmanen nicht die gleichen Rechte wie Muslime. Aber sie konnten ihren Glauben relativ frei leben und genossen größere Rechtssicherheit, als dies umgekehrt muslimischen und auch jüdischen Minderheiten im christlichen Europa vergönnt war. Eine Toleranz, die über die islamische Duldung der andersgläubigen »Buchreligionen« hinausgeht und die den Islam an Freizügigkeit übertrifft, gibt es in Westeuropa erst seit dem 18. Jahrhundert.[6] Sie ist aus dem Geist der Aufklärung hervorgegangen als eine säkulare Toleranz, die allen Weltanschauungen gleichermaßen Freiheit zubilligt. Dieser Pluralismus musste gegen den Widerstand der Kirchen und gegen den Absolutheitsanspruch christlicher Konfessionen durchgesetzt werden.

Das Osmanische Reich war seit dem 16. Jahrhundert fester Bestandteil des europäischen Bündnissystems. So verbündete sich beispielsweise Franz I. von Frankreich, der

Rex Christianissimus, mit dem türkischen Sultan gegen den Kaiser des Heiligen Römischen Reiches Deutscher Nation. Die Länder des »christlichen Europa« waren dagegen während dieser 450 Jahre untereinander und gegeneinander mehr oder weniger ständig in Kriege verstrickt. Trotzdem kommt niemand auf die Idee, daraus heute unüberbrückbare Differenzen für ein gemeinsames Europa zu konstruieren.

Selbst wenn man von einer »Inkarnation der Gegnerschaft« sprechen wollte – was sagt das über eine EU-Perspektive der heutigen Türkei aus? Besteht die Essenz der europäischen Idee nicht darin, alte Feindschaften zu überwinden und eine dauerhafte Friedensordnung in Europa zu schaffen? Auch wenn das Thema Türkei bis heute für viele mit einem historischen Trauma belastet ist, das untergründig sogar das Urteil renommierter Historiker mitbestimmt: Ein rationales Argument gegen eine EU-Perspektive der Türkei lässt sich daraus nicht gewinnen.

Kulturelle Unterschiede als unüberwindliches Hindernis?

Die Türkei sei aber kulturell zu verschieden von Europa. Eine politische Union über »Kulturgrenzen« hinweg habe noch nie und nirgendwo Bestand gehabt.[7] Damit stellt man ungewollt auch der bestehenden EU eine ziemlich wackelige Zukunftsprognose. Denn auch zwischen Schweden und Bulgarien, Deutschland und Polen bestehen beträchtliche kulturelle Unterschiede.

In der heutigen EU werden bereits mehr als zwei Dutzend verschiedene Sprachen gesprochen. Da lässt sich gegen Türkisch als weitere EU-Sprache kein prinzipielles Argument gewinnen. Im Übrigen ist es gerade die überwältigende kulturelle Vielfalt, die den Reichtum Europas ausmacht, die Vielfalt europäischer Gesellschaftsformen, Traditionen, Qualifikationen, die Mannigfaltigkeit der Sprachen, die Fülle der Bräuche und der Küchen, die unterschiedlichen Moden, Kunstformen und Lebensstile. Unterschiede wirken anregend. Man muss vor ihnen keine Angst haben. Der Begriff »Kulturgrenze« suggeriert dagegen dreierlei: weitgehende Homogenität innerhalb von Kulturräumen, zweitens – aus welchen Gründen auch immer – eine scharfe Trennung zwischen ihnen, die drittens unüberwindbar bleibt. Ähnlich sah Samuel Huntington die Gründe für den »Clash of Civilizations«, den Zusammenprall der Kulturen. Die Kritik an seinen Thesen gilt deshalb auch hier.

Wer die Weltbevölkerung nach Zivilisationen oder Religionen einteilt, kommt, wie der indische Nobelpreisträger Amartya Sen überzeugend nachweist[8], zu einer »solitaristischen« Deutung der menschlichen Identität, wonach die Menschen einer und nur einer Gruppe angehören. Früher dienten Nationalität oder Klassenzugehörigkeit in ähnlicher Weise als Identitätsstempel.

Diese Sichtweise ist brandgefährlich. Wer annimmt, man könne Menschen oder Völker ausschließlich aufgrund ihrer Religion oder Kultur beurteilen, glaubt an die Macht einer einzigen Klassifikation, die alles andere beherrscht. Diese Denkweise kann unsere Welt in ein Pulverfass verwandeln. Die Auffassung, menschliche Identität sei durch Klassenzugehörigkeit determiniert, propagiert den Klassenkampf ebenso wie die Überbetonung ethnischer Zugehörigkeiten den Rassismus. Übersteigerter Nationalismus war und ist häufig die Ursache von Kriegen.

Wer der Religionszugehörigkeit eine exklusive und umfassende Identitätsprägung zuschreibt, bereitet schließlich den Boden für konfrontatives Denken. Wie wir aus der Geschichte immer wieder lernen können, werden so Konflikte verstärkt, die sich aus unterschiedlicher Religionszugehörigkeit ergeben können – trotz der Friedensbotschaft der großen Weltreligionen. Eine kulturalistische Betrachtungsweise birgt stets die Gefahr, auszugrenzen und die eigene individuelle oder kollektive Identität vor allem in Abgrenzung zu »den Anderen« zu definieren, deren Identität dann als unvereinbar mit der eigenen angesehen wird. Christ, Jude oder Muslim zu sein ist jedoch keine alles überragende Identität, die umfassend determiniert, wie sich ein Mensch selbst sieht oder gesehen werden will.

Auf mannigfaltige Art verschieden

Identität ist keine unwandelbare Größe.[9] Alter, Geschlecht, Schichtzugehörigkeit, Nationalität, Religion, Familienstand, Beruf – das sind nur einige der Faktoren, die unsere Identität beeinflussen. Wie stark wir von ihnen geprägt werden, hängt auch von uns ab. Ebenso liegt es mit an uns und unserer Fähigkeit zur Selbstreflexion, inwieweit wir in unseren religiösen Einstellungen und Praktiken handelnde Subjekte sind oder wir die Vorgaben einer Religion passiv übernehmen. Menschen entwickeln sich in ihren religiösen Mentalitäten und Identitäten durch alltägliche Lebenspraxis oder bewusste Auseinandersetzung.[10] »Die Hoffnung auf Eintracht in der heutigen Welt«, sagt Amartya Sen, »beruht in hohem Maße auf einem klareren Verständnis unserer menschlichen Identitäten und der Einsicht, dass diese sich überschneiden und damit einer scharfen Abgrenzung nach einem einzigen unüberwindlichen Einteilungskriterium entgegenwirken.«[11] Wir sind auf mannigfaltige Weise verschieden.

Kultur ist wandelbar

Die einzelnen Mitgliedsländer der EU sind in sich nicht mehr kulturell homogen, wenn sie es denn jemals waren, und die EU als Ganzes mit ihren 27 Mitgliedsstaaten ist es schon gar nicht. Unsere Kulturen nehmen immer mehr hybride Züge an. Kultur ist kein homogenes Attribut. Was manche für »eine« Kultur halten, weist bei näherer Betrachtung eine verblüffende Heterogenität auf. Man bemerkt abweichende Stimmen, die oft von innen und nicht von außen kommen.[12] Diese interne Vielstimmigkeit widerspricht der Außensicht, es gebe »eine« deutsche, amerikanische oder türkische Kultur. Denn auch innerhalb der Türkei unterscheiden sich Stadt und Land, Westen und Osten nicht nur wirtschaftlich, sondern auch kulturell beträchtlich. Zwischen dem kosmopolitischen Istanbul und einem Dorf in Anatolien liegen Welten.

Nur ein statischer Kulturbegriff lässt kulturelle Unterschiede als unüberwindliche Grenzen erscheinen. Aber weniges ist so dynamisch und wandelbar wie die Kultur, wie es ein jeder Blick auf die Künste – die Musik, Malerei oder Literatur – beweist. Gerade hier lassen sich kulturelle

Einflüsse über Grenzen hinweg besonders gut beobachten. Kultur steht niemals still.

Kein Platz im »christlichen Abendland«?

Worin also liegt der kulturelle Grund für die scharfe und unüberwindliche Trennung zwischen der EU und der Türkei? Als »muslimischer Staat« sei die Türkei durch eine tiefe Kulturgrenze von Europa getrennt. Noch werde derzeit offen ausgesprochen, »dass die EU ein christlich geprägter Staatenverein sei, in dem die muslimische Türkei keinen Platz finde«[13], so das Kernargument der Historiker Wehler und Winkler gegen einen EU-Beitritt der Türkei.

Aber ist nicht die Verbürgung von weltanschaulichem Pluralismus ein Grundwert der EU? Die Trennung von Staat und Religion gehört zum konstitutiven Grundbestand gemeinsamer europäischer Überzeugungen. Dass der Islam nicht zum christlich geprägten Europa passe, kann deshalb kein Argument gegen eine Mitgliedschaft der muslimischen Türkei sein, das die EU benutzen könnte, ohne gegen ihre eigenen Grundwerte zu verstoßen. Allerdings wird noch genauer hinzusehen sein, ob auch die nach ihrem Selbstverständnis laizistische Türkei dieses europäische Verständnis eines weltanschaulichen Pluralismus und der Trennung von Staat und Religion teilt.

Die heutige europäische Idee sei aber nun mal aus der gemeinsamen christlich-abendländischen Vergangenheit hervorgegangen. Zu diesem christlichen Abendland habe die Türkei nicht gehört, folglich könne sie heute auch nicht zur EU gehören. Warum sollte heutzutage ein muslimischer

Staat zu Europa hinzustoßen, das nun einmal durch seine völlig anderen Traditionen geprägt ist? [14]

Christliche Wurzeln in Anatolien

Die europäische Kultur hat ihre Wurzeln auch in Kleinasien. In der Antike gehörte Anatolien zum hellenistischen Kulturkreis. Später bildete die heutige Türkei die Ostflanke des Römischen Reichs mit Latein als Amtssprache. Hier lebte die sagenumwobene Prinzessin Europa, bevor Zeus in Gestalt eines Stieres sie entführte. Hier schrieb Herodot, hier lehrte Thales von Milet, hier entstand der ionische Baustil, der die europäische Baugeschichte beeinflusst hat.

Die sieben Kirchen, die im Buch der Offenbarung erwähnt werden – Ephesus, Smyrna, Pergamum, Thyatria, Sardis, Philadelphia und Laodicea – befinden sich alle in der Türkei. Weil sie in Palästina verfolgt wurden, gingen die Urväter des Christentums in die heutige Türkei und machten Antiochien (das heutige Antalya), Tarsus und Ephesus zu den wichtigsten Stätten christlicher Verkündigung. Der Apostel Paulus wurde in Tarsus geboren und schickte seine Briefe nach Ephesus. Johannes, der Lieblingsjünger Jesu, wirkte hier, und Maria, die Mutter Jesu, soll in Ephesus gestorben sein. Der heilige Nikolaus stammt aus Myra, dem heutigen Demre in der Nähe von Antalya. Bis ins 10. Jahrhundert fanden sämtliche Kirchenkonzilien in Anatolien statt.[15]

Anatolien war die Brücke des Christentums von den heiligen Stätten seines Ursprungs nach Europa. Nur wenn Europa eine seiner eigenen Wurzeln selbst abhacken wollte, könnte es die Türkei zu einem Gebiet erklären, das ihr a priori wesensfremd sei.[16] Heute ist der Islam für Anatolien und die Türkei prägend. Aber statt deshalb eine prinzipielle und ewig währende Andersartigkeit zu statuieren, sollten gerade die Christen in Europa die Türkei dafür gewinnen, in einen Dialog über die christlichen Elemente in der Tradition Anatoliens einzutreten.

Es hat auch in Spanien lange Zeit gedauert, bis die islamischen Elemente der Tradition und Identität Andalusiens so anerkannt und gepflegt wurden, wie man es heute in Cordoba eindrucksvoll erleben kann. Ebenso wie Spanien auch sein 700-jähriges islamisches Erbe in die EU mitgebracht hat, könnte die Türkei ihr christliches Erbe in die EU einbringen. Christentum, Judentum *und* Islam sind Teil der europäischen Geschichte. Für politische Grenzziehungen ist Religion nicht geeignet. So erweist sich der Begriff des »christlichen Abendlandes« bei näherer Betrachtung auf die gemeinsame Geschichte als ungeeignet, die Türkei von Europa auszugrenzen.

Emotionaler Kampfbegriff

Der Begriff hat aber darüber hinaus eine schillernde Vergangenheit als »emotional aufgeheiztes Schlagwort«, das Exponenten der Romantik wie Novalis, Friedrich Schlegel oder Joseph Görres in Opposition setzten zu der aufgeklärten, individualistischen, rationalen und kalten Welt der europäischen Staaten.[17] Sie sprachen mit Blick auf ein (idealisiertes) Mittelalter vom christlichen Abendland, das qualitativ weit über der Welt gestanden habe, die durch die Französische Revolution geschaffen worden sei.

Dahinter steht die Vorstellung, im »christlichen« Mittelalter sei die Welt mehr in Ordnung gewesen als in der individualistischen Welt, die durch Aufklärung, Französische Revolution und Napoleonische Kriege entstanden ist.[18] So entbehrt es nicht einer unfreiwilligen Komik, wenn ausgerechnet unter Berufung auf das »christliche Abendland« der Türkei vorgehalten wird, dass ihr die Aufklärung fehle, um zu Europa gehören zu können. Wer den Begriff der Aufklärung engführt und auf die Phänomene begrenzt, die ihre Entstehung in Europa begleitet haben, dürfte schwerlich Ähnliches in der islamischen Welt finden. Oder mit den Worten des Islamwissenschaftlers und Autors Stefan Weidner: »Wenn eine Aufklärung, die der europäischen nicht entspricht, keine Aufklärung ist, wird man außerhalb Europas vergeblich danach suchen.«[19] Diese Tautologie wird leicht übersehen.

Außerdem muss eine Verteidigung der Aufklärung im Geist der Aufklärung erfolgen. Dazu gehören das Bemühen um sorgfältige Analyse, eine Kritik stereotyper Verallgemeinerungen und die Bereitschaft zu fairer kommunikativer Auseinandersetzung. Es ist nicht so, als hätte »der Westen« die Aufklärung ein für allemal hinter sich, während »der Islam« den Prozess der Aufklärung noch kaum begonnen habe. Die Aufklärung ist kein historisch abgeschlossener Vorgang. Sie ist eine unvollendete individuelle und gesellschaftliche Lerngeschichte. Ihre Bewahrung ist nur als Fortsetzung der Aufklärung möglich.[20] Die Aufklärung wird missbraucht, wenn sie in aggressiv-kulturkämpferischer Absicht zur Grenzziehung gegenüber Muslimen benutzt wird, denen pauschal ein fundamentalistisches Verständnis ihrer Religion unterstellt wird. Außerdem zeugt die Geschichte Europas bis weit ins 20. Jahrhundert hinein gerade nicht von Aufklärung. Sich in interkulturellen Zusammenhängen auf sie zu beziehen, ist deshalb kaum angemessen.[21]

Der Begriff des christlichen Abendlandes spielte weder in den Römischen Verträgen von 1957 noch in den anderen Gründungs- oder Ausgestaltungsverträgen eine Rolle. Keiner der EU-Verträge bezieht sich in der Präambel oder in irgendeinem einschlägigen Artikel auf Begriffe wie »christlich-abendländisch«, »christlich« oder »abendländisch«.[22] Offensichtlich wurde der Begriff des christlichen Abendlandes von den Gründungsvätern der EU für weniger identitätsstiftend gehalten, als er heute denen erscheint, die ihn als emotionalen Kampfbegriff gegen eine EU-Mitgliedschaft der Türkei in Stellung bringen. Und das heutzutage, obwohl in der EU gut 16 Millionen Muslime leben, davon zwischen 3,8 und 4,3 Millionen in Deutschland.[23] Wenn der Begriff die Realität beschreiben soll, lässt sich das heutige Europa jedenfalls nicht mehr als christliches Abendland bezeichnen, auch unabhängig von der (steigenden) Zahl Konfessionsloser.

»Den« Islam gibt es nicht

In Deutschland gibt es eine weit verbreitete Skepsis gegenüber dem Islam. Nach einer im Mai 2006 veröffentlichten Allensbach-Umfrage stimmten 83 Prozent der Aussage zu, der Islam sei fanatisch, 71 Prozent hielten ihn für intolerant, 62 Prozent für rückwärtsgewandt und 60 Prozent für undemokratisch. 91 Prozent der Befragten gaben an, dass sie beim Stichwort Islam an die Benachteiligung von Frauen dächten.[24]

Nach den Anschlägen vom 11. September 2001 hat eine breite Debatte über das Verhältnis von Islam und Demokratie eingesetzt. Immer wieder stößt man in deutschen Medien auf die Aussage, im Islam sei eine Trennung von Religion und Politik unmöglich. Koransuren werden zitiert, um zu belegen, dass Islam und Demokratie miteinander unvereinbar seien. Wäre dies so, dann könnte ein Land mit muslimischer Bevölkerung wie die Türkei nicht der EU beitreten.

Wenn man das Verhältnis von Islam und Demokratie betrachtet, muss man zwischen mehreren Dimensionen unterscheiden: erstens dem Islam als historisch-normativer Tradition, der auf heiligen Texten aufbaut, zweitens der vielfältigen religiösen Praxis gläubiger Muslime sowie drittens imaginären »Idealbildern« unter Muslimen, wie ein islamisches Leben auszusehen habe.

Die historisch-normative Ebene basiert auf dem Koran sowie der Sunna, den überlieferten Verhaltensweisen des Propheten Mohammed. Diese bilden das Fundament des islamischen Glaubens und liefern mit Regeln und Vorschriften einen Bezugsrahmen für das tägliche Leben der Gläubigen. Allerdings bieten diese Quellen, ebenso wie die Thora oder die Bibel, erheblichen Raum für Interpretation und unterschiedliche Auslegungen, nicht zuletzt aufgrund der anspruchsvollen und sehr literarischen Sprache des Korans. Der Islam ist hochkomplex, und es wäre naiv zu glauben, man könne den Islam als Ganzes, ja sein »Wesen« abstrakt verstehen, sich gar anlesen.[25]

Grundgesetz und Koran stehen normativ ebenso wenig auf einer Ebene wie Grundgesetz und Bibel oder Grundgesetz und Thora. Das Grundgesetz ist die *gemeinsame* verfassungsrechtliche Grundlage *für das Zusammenleben* mit unterschiedlichen religiösen oder weltanschaulichen Überzeugungen – und *in dieser Hinsicht* verbindlich für alle. Die heiligen Texte sind geoffenbarte Glaubenswahrheiten. Weder Bibel, noch Koran oder Thora sind »demokratisch« oder in allen ihren Einzelaussagen mit dem Grundgesetz vereinbar. Es ist deshalb falsch, das Grundgesetz und Zitate aus den heiligen Texten einander gegenüberzustellen, um dann die jeweilige Vereinbarkeit mit dem Grundgesetz abzuprüfen.

Aus der Kluft zwischen theologischer Theorie und der Entwicklung des modernen Nationalstaates ergibt sich ein Interpretationsraum, der von verschiedenen Auslegungen gefüllt wird. Auf der einen Seite stehen jene, die wir als »Islamisten« bezeichnen und die eine islamische Ordnung errichten wollen, in der Religion, Politik und Recht untrennbar in einer Einheit verbunden sind. Hierzu zählt auch die Anwendung der Scharia, die sich als islamische Rechtsordnung in den zwei Jahrhunderten nach der Koranoffenbarung aus Gelehrteninterpretationen entwickelt hat. Im sunnitischen Islam gibt es heute vier Rechtsschulen, weshalb die daraus abgeleiteten Gutachten von Muftis oder Ajatollahs oftmals stark differieren. Man kann deshalb ebenso wenig von »der Scharia« wie von »dem Islam« sprechen. Religiöse Fundamentalisten wie zum Beispiel die Taliban verstehen in der Tat Koran und Scharia wortwörtlich und wollen die vor 1.300 Jahren entstandenen Gebote gegen jedermann durchsetzen, notfalls mit Gewalt. Es gibt aber keinen Grund, diese Islamauslegung für die einzig mögliche zu halten, wie es spiegelbildlich zu den islamistischen

Fundamentalisten diejenigen unter den Islamkritikern tun, die eine prinzipielle Unvereinbarkeit zwischen Islam und Demokratie behaupten. Selbst in der islamischen Welt beharren heutzutage fast ausnahmslos fundamentalistische Kreise auf dem Prinzip der Untrennbarkeit von Staat und Religion, entgegen der Mehrheit der gläubigen Muslime.[26]

Es gehört zu den Grundannahmen der klassischen muslimischen Exegese, dass niemand über die absolute Deutung verfügt. Jede Auslegung des Korans, der als das reine göttliche Wort gilt, ist menschlich und daher notwendig relativ. Bestritten wird dies heute lediglich von muslimischen Fundamentalisten und westlichen »Experten«, die mit dem Koran in der Hand Muslime darüber belehren, wie streng ihre Religion sei.[27]

Islam als Religion ist mit Demokratie vereinbar

Der Koran enthält »kein umfassendes Konzept für das Verhältnis von Individuum, Staat und Gesellschaft und (…) schreibt den Muslimen keine bestimmte Staatsform vor«, so die renommierte Islamforscherin Gudrun Krämer.[28] Auch die Sunna macht keine klaren Vorgaben. Dies liegt vor allem daran, dass in der historischen Entstehungszeit des Korans im 7. Jahrhundert Staatlichkeit keine Rolle spielte. Die Gesellschaft der Muslime war vielmehr durch das Mit- bzw. Gegeneinander religiöser Gemeinschaften geprägt. Grundsätzlich schließen sich daher der Islam als Religion und die Demokratie als Staatsform nicht aus.

Das zeigt auch ein Blick auf die über 50 Staaten der Welt mit überwiegend muslimischer Bevölkerung. Die gesellschaftlichen und staatlichen Ordnungen von Indonesien, Marokko, Saudi-Arabien, Iran oder Albanien weisen große Unterschiede auf und belegen die Anpassungsfähigkeit muslimischer Glaubensüberzeugungen. Bei allen noch bestehenden Defiziten ist es die Türkei, die als muslimisches Land unseren Vorstellungen von Demokratie und Rechtsstaatlichkeit mit Abstand am nächsten kommt.

Die Tatsache, dass die muslimische Bevölkerung in der Türkei ihre Religion seit Jahrzehnten praktiziert und gleichermaßen in freien Wahlen nach einem allgemeinen und gleichen Wahlrecht ihre Volksvertreter bestimmt, widerlegt also auch in der Praxis die These, Islam und Demokratie seien unvereinbar.

Nur eine von vielen Ursachen

Häufig werden Verhaltensweisen, gesellschaftliche Strukturen oder Wertvorstellungen von Muslimen generell »dem Islam« zugeschrieben. Dadurch entsteht der Eindruck, er allein sei die Ursache verschiedenster gesellschaftlicher Phänomene, angefangen von autoritären Machtgefügen über häusliche Gewalt bis hin zur Unterdrückung der Frau.

Patriarchalische Strukturen, lokale Traditionen sowie soziale und politische Bedingungen werden als Einflussfaktoren oftmals schlicht ignoriert. Dabei zeigt ein Blick auf das Europa des 17. und 18. Jahrhunderts, dass auch hier – völlig ohne islamischen Einfluss – eine Vielzahl von Phänomenen auftraten, die heute dem Islam zugeschrieben werden. So wurde in Deutschland das Züchtigungsrecht gegenüber Ehefrauen, Kindern oder Schülern erst im

20. Jahrhundert per Gesetz verboten, um nur ein Beispiel zu nennen.

Auch in der Diskussion um einen möglichen EU-Beitritt der Türkei wird der Islam gerne als singuläre Ursache sozialer Missstände angeführt und als unüberwindbare Ursache ebendieser Strukturen dargestellt, die eine Mitgliedschaft per se ausschließe. Hier gilt es zu differenzieren und anzuerkennen, dass eine einfache und direkte Kausalität nicht gegeben ist. Der Islam als Religion ist nur einer von vielen Bestimmungsfaktoren gesellschaftlicher Verhältnisse.

Religion gehört nicht zu den Kopenhagener Kriterien

Als zu Beginn der 90er Jahre die »alte EU« vor der Frage stand, welche Kriterien die zahlreichen Beitrittsaspiranten erfüllen müssten, hat man aus gutem Grund auf Identitätsbeschreibungen oder kulturelle Anforderungen verzichtet. Die »Kopenhagener Beitrittskriterien« definieren seit 1993 den für erforderlich gehaltenen Homogenitätsgrad in einer größer werdenden Union, die sich als politische Union versteht und nach den Verträgen zu einer »Ever closer Union« werden will. Religion gehört nicht dazu.

Die Verknüpfung der Beitritts- mit der Integrationsdebatte ist problematisch

Die mehrheitlich ablehnende Haltung der deutschen Bevölkerung gegenüber einem EU-Beitritt der Türkei hängt eng mit den Integrationsproblemen vieler Menschen mit türkischen Wurzeln in Deutschland zusammen. Weil EU-Mitgliedschaft letztlich Freizügigkeit bedeute, sei weitere Zuwanderung aus der Türkei zu befürchten und damit eine Zunahme der Probleme wie mangelnde Sprachkenntnisse, überdurchschnittlich hohe Arbeitslosigkeit und einer folglich wachsenden Belastung unserer sozialen Sicherungssysteme. Hinzu komme eine im Vergleich zur einheimischen Bevölkerung höhere Kriminalitätsrate.

Die Türkei will aber nicht Deutschland beitreten, sondern der EU. Und Deutschland bleibt befugt, auch nach einem EU-Beitritt die Freizügigkeit der Arbeitnehmer aus der Türkei sogar dauerhaft auszuschließen. Das hat der Europäische Rat mit der Türkei vereinbart.[29]

»Gefühlte« Überfremdungsängste

Die Türken würden Deutschland ebenso erobern wie die Kosovaren das Kosovo: durch eine hohe Geburtenrate, hat das Mitglied des Bundesbank-Vorstands Thilo Sarrazin (SPD) behauptet und dafür viel Zustimmung in Leitartikeln und Leserbriefen bekommen. Nicht zuletzt jene »Sarrazin-Debatte« hat gezeigt, wie stark die Überfremdungsängste in Deutschland inzwischen sind.

In unserer säkularisierten Gesellschaft wird der Religion kaum noch eine gesellschaftlich wirksame Kraft beigemessen. Die christlichen Kirchen haben an Bindungskraft und gesellschaftlichem Einfluss verloren. Religion gilt als Privatsache. Gleichzeitig nehmen wir gläubige Muslime in unserer Mitte wahr, die ihren Glauben ernster nehmen als viele Christen. Und die haben dann auch noch mehr Kinder als wir.

So entsteht eine »gefühlte« Überfremdungsangst, denn angesichts der 2,7 Millionen aus der Türkei stammenden Menschen bei einer Gesamtbevölkerung von 82 Millionen ist sie objektiv unbegründet. Weil man in der heutigen Minderheit die bedrohliche Mehrheit von morgen sieht, mobilisiert man bereits heute vorbeugend Abwehrreflexe. Wäre man sich der Beständigkeit gegenwärtiger Mehrheitsverhältnisse sicher, fiele es leichter, gelassener und geduldiger mit den noch ungelösten Integrationsproblemen umzugehen.

Die äußerst diffuse Angst vor einer »schleichenden Islamisierung« Deutschlands und Europas aber zeigt sich nicht zuletzt in den Auseinandersetzungen um so manchen Moscheebau. »Nicht die Moschee, der Islam ist das Problem«, hat deshalb der Schriftsteller Ralph Giordano einen seiner zahlreichen Artikel überschrieben.[30] Wie die Minarettdebatte für die Schweiz ist die EU-Türkei-Debatte für Deutschland in hohem Maße eine Symboldebatte über unser Verhältnis zum Islam, der auf Distanz gehalten werden soll.

Fraglich ist, ob nach einem EU-Beitritt wirklich mit massiver Zuwanderung aus der Türkei nach Deutschland zu rechnen wäre. Entsprechende Horrorszenarien wurden im

Zusammenhang mit der EU-Osterweiterung im Hinblick auf Polen und die anderen mittel- und osteuropäischen Staaten ebenfalls gezeichnet. Wie wir inzwischen wissen, blieb diese massenhafte Einwanderung nach Deutschland aus.

Arbeitnehmer-Freizügigkeit kann dauerhaft begrenzt werden

Die Hauptgründe, die seinerzeit zur Zuwanderung aus der Türkei geführt hatten, dürften zum Zeitpunkt eines EU-Beitritts weit weniger wirkmächtig oder ganz entfallen sein. Letzteres gilt für die vielen, die – wie Kurden oder Aleviten – ihrer Heimat wegen der Menschenrechtslage oder des fehlenden Minderheitenschutzes den Rücken gekehrt hatten. Denn der EU-Beitritt setzt voraus, dass es diesbezüglich nach Rechtslage und Praxis keine Mängel in der Türkei mehr gibt.

Andere sind aus wirtschaftlichen Gründen nach Deutschland gekommen, angeworben als »Gastarbeiter«. Zwar wird es auch bei einer EU-Mitgliedschaft der Türkei auf lange Sicht im Verhältnis zu Deutschland ein Wirtschafts- und Wohlstandsgefälle geben. Es gehört aber zu den Beitrittserfordernissen, dass die Wirtschaft in der Türkei stark genug sein muss, um dem Wettbewerbsdruck im gemeinsamen Markt standhalten zu können. Zudem verbindet sich für die türkische Bevölkerung mit dem Beitritt die begründete Hoffnung auf einen Aufschwung der türkischen Wirtschaft sowie eine Zunahme des Wohlstands auch in der Türkei. Vor diesem Erwartungshintergrund dürften sich weniger

Menschen dazu entschließen, ihre Familien und Freunde zu verlassen, um in ein fremdes Land auszuwandern.

Außerdem ist, wie gesagt, im Verhandlungsrahmen zwischen der EU und der Türkei ausdrücklich das Recht jedes einzelnen Mitgliedsstaates festgehalten, die Freizügigkeit auch nach einem Beitritt nicht nur vorübergehend, sondern auf Dauer auszuschließen oder zu begrenzen. Deutschland könnte also den jetzigen Zustand auch nach einem Beitritt der Türkei in die EU unbegrenzt beibehalten. Seit längerem kehren übrigens mehr Menschen aus Deutschland in die Türkei zurück als von dort nach Deutschland zuwandern. Für 2008 etwa weist das Statistische Bundesamt einen Gesamtzuzug aus der Türkei in die Bundesrepublik von 26.653 Personen aus, während im gleichen Zeitraum 34.843 Personen aus Deutschland in die Türkei migrierten.[31] Es sind vor allem junge Immigranten, die vermehrt Karrierechancen in der Türkei wahrnehmen wollen.[32]

Die zunehmende Abwanderung gut ausgebildeter, hochqualifizierter türkischstämmiger Akademiker ist ein Anzeichen dafür, mit welchen Vorurteilen diese jungen Menschen in Deutschland zu kämpfen haben. Für Deutschland bedeutet dieser Rückkehrtrend einen doppelten Aderlass. Es gehen für die türkische Gemeinschaft in Deutschland wichtige Vorbilder und gut ausgebildete Arbeitskräfte verloren.[33]

Kaum noch Bevölkerungszuwachs in der Türkei

Auch die angebliche »Bevölkerungsexplosion« in der Türkei führe zu einer massiven Zuwanderung, sollte die Türkei der EU beitreten. Die Fakten sehen anders aus.

Die Türkei hat derzeit etwa 72 Millionen Einwohner. Während die Bevölkerung noch in den 90er Jahren stark wuchs, geht die Zahl der Neugeborenen seit 2001 ständig zurück. Die Geburtenrate hat innerhalb von neun Jahren von 2,4 auf 2,1 Kinder je Frau abgenommen.[34]

Dies entspricht exakt der Geburtenrate, die nach Untersuchungen des Max-Planck-Instituts für demografische Forschung erforderlich ist, um den Bestand der Bevölkerung ohne Anstieg der Einwohnerzahlen zu erhalten. Aufgrund einer zunehmenden Berufstätigkeit, gestiegenem Bildungsstand und angesichts der Tatsache, dass immer mehr Frauen in der Türkei später heiraten als bisher, dürfte die Geburtenrate eher weiter fallen.

Von einer bevorstehenden Bevölkerungsexplosion in der Türkei kann also keine Rede sein.

In jedem Fall bleibt Deutschland auch bei einem EU-Beitritt der Türkei die Möglichkeit, die weitere Zuwanderung zu steuern, zu begrenzen oder auf unbegrenzte Zeit ganz auszuschließen. Es gibt also keinen rationalen Grund, die Beitrittsdebatte mit der Integrationsdebatte zu verknüpfen. Trotzdem dürfte das politische Klima der Beitrittsdebatte in Deutschland weiterhin vor allem bestimmt werden durch die Alltagserfahrungen der Schulzes oder Müllers mit den Yildirims oder Özcans, die in ihrer Nachbarschaft leben. Die Sarrazin-Diskussion zeigt, wie notwendig eine faire Integrationsdebatte ist, die ständig fortgeschrieben werden muss. Es liegt nämlich in der Natur der Sache, dass wir eher wahrnehmen, wo Integration noch nicht gelungen ist. Gelungene Integration fällt nicht auf. Dabei gibt es viele erfolgreiche Mesut Özils in Deutschland, nur können sie etwas anderes gut als Fußball spielen.

Türkei muss Integration unterstützen

Wir brauchen die Hilfe der Türkei, damit Integration in Deutschland besser gelingt.

Anders als die Vorgängerregierungen hat die AKP-Regierung dies erkannt. Premierminister Erdogan wird nicht müde, die in Deutschland lebenden Bürgerinnen und Bürger türkischer Abstammung aufzurufen, Deutsch zu lernen, sich einzubringen in Deutschland und für ihre neue Heimat.

Auch in seiner Kölner Rede, als er im Jahr 2008 Assimilierung als Verbrechen gegen die Menschlichkeit bezeichnete und deswegen als integrationsfeindlich kritisiert wurde, sprach er sich eindeutig für Integration aus und forderte die Einwanderer aus der Türkei zu entsprechenden eigenen Anstrengungen auf: »Viele unserer Kinder hier lernen in frühem Alter keine Fremdsprachen. Diese Kinder werden mit Deutsch erst dann konfrontiert, wenn sie mit dem Schulbesuch beginnen. Und das führt dazu, dass diese Kinder im Vergleich zu den anderen Schülern die Schullaufbahn mit einem Nachteil von eins zu null beginnen müssen. Doch würde es für Sie und für Ihre Kinder in jeder Hinsicht vorteilhaft sein, wenn Sie die Möglichkeiten maximal ausschöpfen, die das hiesige gute Schulsystem Ihnen bietet. Sie werden einen Beruf ausüben, Sie werden öffentliche Dienste in Anspruch nehmen. Wenn Sie die Sprache des jeweiligen Landes nicht beherrschen, nicht lernen, so fallen Sie unweigerlich in eine Situation der Benachteiligung.«[35]

Imame besser vorbereiten

Solange das staatliche Amt für religiöse Angelegenheiten Diyanet in die über 800 deutschen Ditib-Moscheegemeinden Imame aus der Türkei schickt, sollten diese sprachlich besser als bisher auf ihren Einsatz in Deutschland vorbereitet werden und vor allem vertrauter sein mit Staat und Gesellschaft, denn sie haben großen Einfluss auf die Einstellung vieler Muslime. Zur Vermittlung entsprechender Informationen könnte das Amt auch die von ihm herausgegebenen Predigten nutzen. Wie das Amt auf seiner Homepage schreibt, werden diese »Predigten und Aufklärungsprogramme« auch für die Moscheen im Ausland aufgelegt.[36]

Immerhin: Es gibt inzwischen, unter anderem in Zusammenarbeit mit der Konrad-Adenauer-Stiftung, Vorbereitungskurse, die erste Einblicke vermitteln. Mittel- und langfristig sollten diese Imame an deutschen Hochschulen ausgebildet werden. Weil für die Mehrheit der Bevölkerung die Beitrittsdebatte mit der Integrationsdebatte verknüpft bleiben wird, dürften letztlich Integrationsfragen über die Haltung der deutschen Bevölkerung zu einem EU-Beitritt der Türkei entscheiden. Aber auch umgekehrt wird ein Schuh daraus: Ein erfolgreicher Beitrittsprozess hilft bei der Integration. Wenn bei uns allerdings der Eindruck entsteht, man wolle die Türkei nicht in der EU und wende bei den

Verhandlungen zweierlei Maß an, wird sich die türkischstämmige Bevölkerung bei uns auch abgelehnt und nicht willkommen fühlen.

Die Bevölkerung ist dagegen

Die Erweiterung der EU um zwölf neue Mitglieder hat auch in der Bevölkerung der Mitgliedsstaaten zu einer »Erweiterungsmüdigkeit« geführt, unter der die Ambitionen weiterer Beitrittskandidaten zu leiden haben. So sind inzwischen 46 Prozent der Bevölkerung gegen weitere EU-Erweiterungen in den kommenden Jahren, und nur noch 43 Prozent befürworten solche Schritte.[37]

Wird dann noch nach den einzelnen Beitrittskandidaten gefragt, ergibt sich in keinem Mitgliedsland der EU eine Mehrheit für einen Beitritt der Türkei innerhalb der nächsten zehn Jahre.[38] Nur in Ungarn unterstützt die Hälfte der Bevölkerung das türkische Bestreben nach einer EU-Mitgliedschaft. Fast die Hälfte befürwortet dies in Großbritannien (48 Prozent), Spanien (46 Prozent) und Polen (46 Prozent). In Frankreich (33 Prozent), Deutschland (29 Prozent) oder Italien (23 Prozent) liegt die Unterstützung lediglich bei einem Drittel oder weniger. Das Meinungsklima für einen Türkei-Beitritt hat sich in den letzten Jahren allgemein verschlechtert.

Dieser Befund bekommt besonderes Gewicht, weil zu den Gründen für das Scheitern der Referenden über die EU-Verfassung in Frankreich, den Niederlanden und Irland auch angeführt wurde, dass die EU zu häufig »über die Köpfe der Bevölkerung hinweg« Politik mache. Die verbreitete EU-Skepsis werde weiter zunehmen, so die Sorge, wenn die Türkei ungeachtet einer überwiegend ablehnenden Haltung in der Bevölkerung Mitglied der EU würde.

Die politische Führung muss Überzeugungsarbeit leisten

Selbstverständlich müsste eine EU-Mitgliedschaft der Türkei letztlich auch von der Bevölkerung der bisherigen Mitgliedsstaaten akzeptiert und gewollt sein. Wir müssen deshalb zu einer ähnlichen Aufarbeitung der Vergangenheit im europäisch-türkischen Verhältnis kommen, wie sie die europäischen Länder untereinander geleistet haben, um so die Grundlage für den europäischen Einigungsprozess zu legen.[39]

Es ist eine politische Führungsaufgabe, diese Überzeugungsarbeit zu leisten. Hätten französische und deutsche Politiker auch nach dem Zweiten Weltkrieg weiter von »Erbfeindschaft« gesprochen und entsprechend gehandelt, der europäische Einigungsprozess hätte nie begonnen. Noch 1954 hatten laut Meinungsumfragen 51 Prozent der Franzosen negative Ansichten über die Deutschen, und nur 29 Prozent dachten, eine französisch-deutsche Allianz würde gelingen.

Das Meinungsklima kann sich also ändern, und es veränderte sich im Hinblick auf die Türkei in der Vergangenheit in der Tat immer wieder. Vor allem kann es verändert werden. Zuallererst durch die Türkei selbst und ihre konkrete

Reformpolitik, aber auch durch die Art der öffentlichen Einlassungen, mit denen europäische Spitzenpolitiker sich zur Türkei und ihren Beitrittsambitionen äußern. »Unglücklicherweise haben negative Äußerungen einiger europäischer Politiker (...) ebenso wie Bestrebungen, das erklärte Ziel der Mitgliedschaft durch alternative Optionen zu ersetzen, und Hindernisse, die den Verhandlungen in den Weg gelegt wurden, den Prozess beinahe zum Entgleisen gebracht«, urteilt die Unabhängige Türkei-Kommission, der ehemalige europäische Staatsmänner wie Martti Ahtisaari, Kurt Biedenkopf und Michel Rocard angehören.[40]

Volksabstimmungen über andere Völker sind gefährlich

Jedem neuen Beitritt müssen alle bisherigen EU-Mitglieder zustimmen. Auch vor dem Hintergrund der Ratifizierungsverfahren in (mindestens) 27 Staaten ist die jeweilige öffentliche Meinung bedeutsam, zumal Frankreich und Österreich in einem Referendum entscheiden wollen.

Es gibt allerdings kaum ein probateres Mittel, die Bevölkerung zweier Länder gegeneinander aufzubringen, als das eine über das andere abstimmen zu lassen! In der Hitze der wahlkampfähnlichen Auseinandersetzung ginge es nicht mehr nur um die staatliche Ebene. Feine Differenzierungen wie: »Man wolle die Türkei ja als engen Freund, nur nicht in der EU« würden verstanden als: »Ihr Türken seid nicht willkommen.« Eine Botschaft, die seit Jahrzehnten bei uns lebende Türken zwangsläufig auch auf sich beziehen würden.

Obwohl die Ratifizierung durch ein Referendum in

Frankreich und Österreich als zusätzliche Hürde eigens für die Türkei beschlossen wurde, bleibt zu hoffen, dass sich beide Länder noch eines Besseren besinnen. Denn auch wenn sie bei ihrem ablehnenden Standpunkt bleiben wollen, kann ihnen nicht daran gelegen sein, die Türkei und die Türken durch die unvermeidliche »Begleitmusik« eines Referendums zusätzlich und dauerhaft vor den Kopf zu stoßen.

EU-Befürworter in der Türkei stärken

Auch in der Türkei hat die Zahl der EU-Befürworter abgenommen. Im Rahmen ihrer Eurobarometer-Meinungsumfragen erhebt die Europäische Kommission auch das türkische Meinungsbild: Im Frühjahr 2004 antworteten auf die Frage, ob sie eine EU-Mitgliedschaft ihres Landes gut finden würden, 71 Prozent der Türken mit Ja, und nur 9 Prozent sprachen sich dagegen aus.[41] Diese Zustimmung sank in den Folgejahren und erreichte ihren Tiefstwert bei 42 Prozent im Herbst 2008. Im Frühjahr 2009 lag sie mit 48 Prozent knapp unter der 50-Prozent-Marke. Gleichzeitig waren aber 57 Prozent der Türken davon überzeugt, dass ein eventueller Beitritt für die Türkei vorteilhaft sei.[42]

Diese beträchtlich gesunkene EU-Zustimmung in der Türkei ist kein Argument für die Beitrittsgegner hierzulande nach dem Motto: Wenn die Türken doch selbst nicht wollen … Im Gegenteil. Weil die Europaorientierung der Türkei in unserem Interesse so wichtig ist, sollten wir die Beitrittsbefürworter in der Türkei in geeigneter Weise stärken.

Die Sorgen vor Überdehnung sind so alt wie die EU

Zu den prinzipiellen Einwänden gegen eine EU-Mitgliedschaft der Türkei gehört die Sorge vor einer »Überdehnung« der EU, sollte ein so großes Land mit 72 Millionen Einwohnern dazukommen. Alle großen Reiche seien letztlich an »Überdehnung« zugrunde gegangen. In seinem berühmten Werk »Aufstieg und Fall der großen Mächte« hat Paul Kennedy [43] einen gleichbleibenden Rhythmus diagnostiziert: Aufstieg, Überdehnung, Erschöpfung, Abstieg – von den Habsburgern im 16. Jahrhundert über Frankreich, Großbritannien bis zur Sowjetunion und den Vereinigten Staaten an der Schwelle zum 21. Jahrhundert.

Für die EU ist dieses Argument nicht neu. Wie ein roter Faden zieht sich die Furcht vor einer Zerfaserung und Überdehnung durch ihre Geschichte. Bereits der Beitrittsantrag Großbritanniens zur EWG im Jahr 1961 befeuerte unter den sechs EWG-Gründerstaaten Deutschland, Frankreich, Italien, Belgien, Niederlande und Luxemburg die Diskussion über die Grenzen der europäischen Einigung.

Der französische Staatspräsident Charles de Gaulle entschied sich in seinem kategorischen Widerstand gegen den britischen Beitritt und die von Paris befürchtete Machtverschiebung innerhalb der EWG für die berühmt-berüchtigte »Politik des leeren Stuhls«. Auch ein zweites britisches Beitrittsgesuch scheiterte 1967 am Veto Frankreichs. Erst zum 1. Januar 1973 konnte die erste nördliche Erweiterungsrunde um Großbritannien, Irland und Dänemark vollzogen werden – nach dem Rücktritt de Gaulles und nachdem man sich auf dem Gipfel von Den Haag auf eine substanzielle Vertiefung der europäischen Zusammenarbeit in den Bereichen Agrar-, Währungs-, Außenpolitik und Institutionen geeinigt hatte.

Auch die folgenden Süderweiterungen um Griechenland (1981) sowie Spanien und Portugal (1986) kamen nicht ohne erhebliche politische Bedenken, interne Konflikte und längere Wartezeiten aus. Man befürchtete, dass die gerade aus diktatorischen Systemen frei gewordenen jungen Demokratien politisch zu unreif für einen Beitritt seien. Außerdem kreisten die damaligen Argumente gegen einen Beitritt um das gravierende Wohlstandsgefälle zwischen Nord- und Südeuropa sowie die Befürchtungen der EG-Mitgliedsländer, man werde Zuwanderungswellen und wirtschaftlicher Konkurrenz bei Agrar- und Fischereiprodukten ausgesetzt sein. Bei Griechenland kamen Bedenken hinzu, sich – angesichts des gespannten Verhältnisses zwischen Athen und dem NATO-Partner Türkei sowie der kritischen griechischen Haltung gegenüber den USA – einen ständigen politischen Störfaktor ins europäische Haus zu holen. Selbst der damalige deutsche Bundeskanzler fürchtete zeitweise, dass die Aufnahme der südlichen Nachbarn die Identität der EG verwässern und das politische Projekt Europa ernsthaft gefährden könne.[44]

Identitätsvorbehalte und politische Blockadesorgen sind Standardargumente gegen weitere Beitrittsrunden geblieben. Österreich, Finnland und Schweden, so die bis 1995 geführte Debatte, seien zwar weder zu groß, zu arm oder zu fremd, würden aber aufgrund ihrer militärischen Neutralität die gemeinsame Außen- und Sicherheitspolitik sowie die europäische Sicherheits- und Verteidigungspolitik unmöglich machen und damit auch die nächste Stufe der politischen Union, wie sie im Vertrag von Maastricht angelegt war, verhindern.

»Alles schon mal dagewesen«, könnte der Betrachter der Türkei-Beitrittsdebatte kommentieren. Befürchtungen vor politischer Lähmung, Identitätsverlust und letztlich Zerfall haben alle bisherigen EU-Erweiterungen begleitet. Auch die Osterweiterung von 2004 und die Südosterweiterung von 2007 waren von Ängsten besetzt: vor Arbeitsmarktzuwanderung und Dienstleistungsfreiheit, vor Kriminalität und steigenden Kosten für die europäischen Finanzierungs- und Verteilungssysteme. Und wieder ertönten Warnungen vor Überdehnung, politischer Lähmung und einer Verschiebung der Machtbalance nach Osten.

Subsidiarität schützt vor Überdehnung

Selbstverständlich müssen Sorgen vor einer Überforderung Europas und vor potenziell zerstörerischen Wirkungen zentrifugaler Kräfte ernst genommen werden. Schließlich hat die EU eine vitale Bedeutung für Frieden, Sicherheit, Stabilität und Wohlstand in Europa.

Die ursprüngliche Sechsergemeinschaft der Römischen Verträge von 1957 ist mittlerweile zu einer Union von 27 Staaten und einer halben Milliarde Einwohnern auf einem nahezu komplett wiedervereinigten Kontinent zwischen Atlantik und Schwarzem Meer angewachsen. Die politischen und wirtschaftlichen Erfolge der letzten 60 Jahre und die europäische Handlungsfähigkeit dürfen nicht verspielt werden. Das versteht sich von selbst.

Aber man kann die EU nicht mit dem Römischen Reich oder dem britischen Empire vergleichen. Sie ist kein von einer Zentrale aus beherrschtes und verwaltetes »Reich«, das deshalb durch flächenmäßige Ausdehnung und eine wachsende Zahl von Untertanen an die Grenzen seiner Regierbarkeit stoßen könnte. Erweiterung der EU heißt vor allem, den Raum zu vergrößern, in dem unsere gemeinsamen Werte Gültigkeit haben.

Die EU ist kein Superstaat. Grundlegende Festlegungen wie das Subsidiaritätsprinzip, das Prinzip der begrenzten Einzelermächtigung und die klare Aufgabenverteilung zwischen europäischer und nationaler Ebene belassen die Entscheidungskompetenzen grundsätzlich bei den Mitgliedsstaaten, es sei denn, diese hätten sie durch Vertrag ausdrücklich auf die EU übertragen.

Das schützt die EU vor Überforderung – und Überdehnung. Außerdem wurde bisher jede Erweiterungsentscheidung durch substanzielle Vertiefungen in der europäischen Zusammenarbeit begleitet und dadurch in ihren prognostizierten Negativfolgen abgefedert. Das würde auch bei einem Beitritt der Türkei der Fall sein. Vertiefung und Erweiterung sind in der unbestrittenen Erfolgsgeschichte der EU zwei Seiten derselben Medaille.

Endet Europa am Bosporus?

»Die Union steht allen europäischen Staaten offen, die ihre Werte achten und sich verpflichten, ihnen gemeinsame Geltung zu verschaffen«, heißt es in Artikel 2 Absatz 2 des EU-Vertrags. Weil die Türkei geografisch nur mit fünf

Prozent ihres Territoriums zu Europa gehöre, sei sie kein europäischer Staat und könne folglich auch nicht zur EU gehören. Für alle, die so argumentieren, endet Europa im Südosten am Bosporus. Zypern aber liegt östlich von Ankara und ist von den europäischen Küsten des Mittelmeers weiter entfernt als große Teile der Türkei. Die geografische Grenze zwischen Europa und Asien war niemals starr, sondern »wanderte« im Laufe der Jahrhunderte je nach politischen Konstellationen. Für eine Mitgliedschaft in der EU ist die Geografie deshalb nur ein äußerer Anknüpfungspunkt. Die EU begreift sich nicht in erster Linie geografisch, sondern als Gesamtheit ihrer Werte, ihrer rechtsstaatlichen und demokratischen Traditionen.

Die Türkei ist Gründungsmitglied des Europarats. Der Türke Mevlüt Cavusoglu wurde am 25. Januar 2010 zum Präsidenten des Europarat-Parlaments gewählt. Die Türkei gehört auch der Organisation für Sicherheit und Zusammenarbeit in Europa (OSZE) an. Im Sport nimmt sie an Europameisterschaften teil. Galatasaray Istanbul spielt in der Europäischen Champions League gegen Bayern München. Und beim Eurovision Song Contest siegte 2003 eine türkische Sängerin. All diese europäischen Wettbewerbe und Institutionen zählen die Türkei seit Jahrzehnten zu Europa. Istanbul ist zusammen mit Pécs und Essen sogar europäische Kulturhauptstadt 2010. Aber wo sollen überhaupt die Grenzen der EU liegen, wenn selbst die Türkei dazugehört? Müssten dann nicht auch Länder wie Russland, die Ukraine, Marokko oder Algerien aufgenommen werden? Nein, kein Land hat einen Anspruch auf EU-Mitgliedschaft. Keinem anderen Land hat die EU so oft und so lange eine konkrete Beitrittsperspektive in Aussicht gestellt. Die Türkei ist deshalb kein Präzedenzfall für andere. Die EU bleibt diesen Ländern gegenüber auch nach einem Beitritt der Türkei völlig frei in ihren Entscheidungen. Ein Beitrittsgesuch Marokkos wurde übrigens 1987 mit der knappen Begründung abgelehnt, Marokko sei »kein europäisches Land«.[45]

Lissabon-Vertrag für »EU plus«

Zu den Kopenhagener Beitrittskriterien gehören nicht nur Anforderungen an die Kandidaten. Für die EU legen die Beschlüsse von Kopenhagen fest, dass bei der Aufnahme neuer Mitglieder die Stoßkraft der europäischen Integration erhalten bleiben müsse.[46] Ein möglicher Beitritt darf die Handlungsfähigkeit der EU und ihre Fähigkeit, zu einer politischen Union zusammenzuwachsen, nicht beeinträchtigen.

Noch deutlicher formuliert es der Europäische Rat 2006: »Der Europäische Rat (…) betont, dass alle Anstrengungen unternommen werden müssen, um den Zusammenhalt der Union zu wahren und sicherzustellen, dass sie weiterhin wirksam funktioniert. Es ist wichtig, dass die Union in der Zukunft bei einer Erweiterung in politischer, finanzieller und institutioneller Hinsicht arbeitsfähig bleibt und das gemeinsame europäische Projekt weiter vertiefen kann. (…) Er erinnert in diesem Zusammenhang daran, dass das Tempo der Erweiterung der Aufnahmefähigkeit der Union Rechnung tragen muss.«[47]

Schon heute, so Kritiker, werde die EU mit 27 Mitgliedern immer schwerfälliger und sei kaum noch handlungsfähig. Komme auch noch die Türkei dazu, gehe bald gar nichts mehr. Mit 72 Millionen Einwohnern gehöre die Türkei zu den Großen und habe eine entsprechende Verhinderungsmacht. Mit ihrem Nationalismus werde sich die Türkei außerdem schwertun, weiteren Integrationsschritten zuzustimmen. Solange der Lissabon-Vertrag nicht in Kraft getreten war, blieb die durch die Erweiterungsrunden verminderte Handlungsfähigkeit der EU eine berechtigte Sorge, auch ohne Türkei. Deutschland und Frankreich hatten deshalb ihre Zustimmung zur Aufnahme von weiteren Ländern des Balkans davon abhängig gemacht, dass der Vertrag von Nizza, der als Grundlage für die alte EU-15 noch ausgereicht hatte, aber schon durch die Erweiterung um die mittel- und osteuropäischen Staaten klar an seine Grenzen gestoßen war, durch den Reformvertrag von Lissabon ersetzt worden sein müsse.

Seit dem 1. Dezember 2009 ist dieser Vertrag in Kraft. Die weitgehende Abkehr vom Einstimmigkeitsprinzip und die Möglichkeiten einer verstärkten Zusammenarbeit mit den Ländern, die zu vertieften Integrationsschritten bereit sind, stellen sicher, dass Handlungs- und Integrationsfähigkeit der EU durch einen Beitritt der Türkei nicht blockiert werden.

Ein hauptamtlicher Präsident des Europäischen Rates soll für Kontinuität und erhöhte Sichtbarkeit sorgen. Das neue Amt des »Hohen Vertreters der Union für Außen- und Sicherheitspolitik« wird die Kohärenz des Außenhandelns stärken. Der Europäische Außenminister führt den Vorsitz im Rat für Auswärtige Angelegenheiten und ist gleichzeitig als Vizepräsident der Kommission zuständig für den Bereich Außenbeziehungen. Unterstützt wird er durch den neuen Europäischen Auswärtigen Dienst. Die neuen

Instrumente zur verstärkten Zusammenarbeit ermöglichen Integrationsfortschritte durch eine Gruppe von Mitgliedsstaaten, ohne dass es hierzu einer weiteren schwerfälligen Vertragsänderung bedarf.

Der Vertrag von Lissabon hat damit sein Ziel erreicht, die Leistungsfähigkeit der EU-Institutionen und Entscheidungsverfahren so zu steigern, dass diese auch in einer Union von mehr als 27 Mitgliedsstaaten reibungslos und wirksam funktionieren können. Damit hat die EU den institutionellen Teil zur Aufnahme neuer Mitglieder erfüllt.

Die Türkei – zu groß für Europa?

Die Doppelstrategie von vertiefter Integration und schrittweiser Erweiterung hat Europa im Verlauf der letzten 50 Jahre stabiler, sicherer, stärker und reicher gemacht. Die heutige EU ist weltweit einflussreicher, als es die alte EWG mit ihren sechs Mitgliedsstaaten je hätte sein können. Die Erfahrungen zeigen, dass Vertiefung und neue Beitritte keineswegs sich ausschließende, sondern sich bedingende Prozesse sind. Die internen Reformen der Einheitlichen Europäischen Akte und der Verträge von Maastricht, Amsterdam, Nizza und Lissabon stehen nicht in Konkurrenz, sondern in politischer Wechselwirkung mit den bisherigen sechs Erweiterungsrunden.

Wie auch bei früheren Erweiterungen hätte der Beitritt der Türkei Folgen für die verschiedenen EU-Institutionen. Im Europaparlament würden die größeren und mittleren EU-Länder auf eine nicht unerhebliche Zahl ihrer Sitze verzichten müssen. Im Rat würde sich die Sperrminorität verändern. Die Türkei hätte im Rahmen der doppelten Mehrheit das Stimmengewicht, das ihrer Bevölkerung von 72 Mio. Menschen entspricht. Die Auswirkungen auf die Kommission und ihre Arbeitsweise wären dagegen gering. Im Entscheidungsprozess der EU hätte die Türkei damit ein politisches Gewicht, das zwischen dem von Deutschland und Frankreich liegt. Wer das kritisiert, wiederholt die aus früheren Erweiterungsrunden geläufigen Hinweise auf die politische Machtbalance.

Der Wunsch, politischen Einfluss und erreichten Besitzstand zu wahren, ist verständlich. Er ist aber aus gutem Grund weder in den europäischen Grundverträgen noch in den Kopenhagener Beschlüssen als legitimes Kriterium für künftige Beitritte abgesichert. Nirgendwo steht, dass ein Land nicht Mitglied der EU werden darf, wenn es größer ist als Deutschland oder Frankreich.

Dass die notwendige institutionelle EU-Machtbalance berücksichtigt und bei jedem Beitritt neu verhandelt werden muss, steht außer Frage. Dies war bei bisher allen Beitritten der Fall. Mit der Einführung der doppelten Mehrheit durch den Vertrag von Lissabon sind diese Verhandlungen sogar leichter geworden: Die Frage der Stimmen im Rat folgt jetzt allein objektiven Kriterien.

Mühsamer Verhandlungsprozess

Der Prozess der Annäherung zwischen der EU und der Türkei kann selbst erklärten Kritikern nicht als übereilt erscheinen. Er ist fast so alt wie der historische Meilenstein der Römischen Verträge selbst.

Bereits im September 1959 – also vor einem halben Jahrhundert – bewarb sich die Türkei um die assoziierte Mitgliedschaft in der 1957 gegründeten Europäischen Wirtschaftsgemeinschaft EWG. Ein Assoziationsabkommen, das sogenannte Ankara-Abkommen, wurde im Oktober 1963 noch in der Amtszeit von Adenauer von der EWG als erstes vertragliches Abkommen mit einem Drittstaat überhaupt unterzeichnet und trat im Dezember 1964 in Kraft. Ziel und Inhalt, so der damalige deutsche Außenminister Schröder (CDU), war es, die Türkei nach einer gewissen Übergangszeit zum Vollmitglied der EWG zu machen.[48] Walter Hallstein (CDU), Präsident der Europäischen Kommission, hob anlässlich der Unterzeichnung des Assoziationsabkommens zwischen der EWG und der Türkei am 12. September 1963 in Ankara hervor: »Wir sind heute Zeugen eines Ereignisses von großer politischer Bedeutung. Die Türkei gehört zu Europa. Das ist der tiefste Sinn dieses Vorgangs: Er ist, in der denkbar zeitgemäßesten Form, die Bestätigung einer Wahrheit, die mehr ist als ein abgekürzter Ausdruck einer geographischen Aussage oder einer geschichtlichen Feststellung, die für einige Jahrhunderte Gültigkeit hat. Die Türkei gehört zu Europa (…). Und eines Tages soll der letzte Schritt vollzogen werden: Die Türkei soll vollberechtigtes Mitglied der Gemeinschaft sein.«

Nach einem Antrag Ankaras auf volle EWG-Mitgliedschaft im Jahr 1987 wurde 1995 zunächst eine Zollunion vereinbart, die nicht nur den freien Warenverkehr, sondern auch eine Angleichung des türkischen Handels- und Wettbewerbsrechts umfasste. Im Dezember 1997 stellten die europäischen Staats- und Regierungschefs Ankara die Möglichkeit einer EU-Mitgliedschaft erstmals konkret in Aussicht.[49]

Für Deutschland bekräftigte Bundeskanzler Kohl gegenüber Ministerpräsident Yilmaz die europäische Berufung der Türkei. Er unterstütze das Ziel einer späteren Mitgliedschaft der Türkei in der Europäischen Union. Dabei gehe er davon aus, dass die Türkei entsprechend den Anforderungen der Europäischen Union ihren eigenen Beitrag leiste, um dieses Ziel zu erreichen. Die Bundesregierung werde im Rahmen ihrer Möglichkeiten im Geiste der traditionellen deutsch-türkischen Freundschaft helfen.[50]

Den Status eines offiziellen Kandidatenlandes verlieh der Europäische Rat in Helsinki der Türkei zwei Jahre später im Dezember 1999. Nach vier Jahrzehnten im europäischen Warteraum beschloss der Europäische Rat, »Turkey is a candidate State destined to join the Union on the basis of the same criteria as applied to the other candidate States.«[51] Auf die tatsächliche Eröffnung der Beitrittsverhandlungen wartete Ankara weitere sechs Jahre bis zum 3. Oktober 2005. Damals wie heute wird auf die 1993 vom Europäischen Rat verabschiedeten Kopenhagener Kriterien verwiesen. Wörtlich heißt es darin: »Für die Mitgliedschaft muss der Beitrittskandidat eine institutionelle Stabilität als Garantie für demokratische und rechtsstaatliche Ordnung, für die Wahrung der Menschenrechte sowie die Achtung und den Schutz von Minderheiten verwirklicht haben; sie erfordert ferner eine funktionsfähige Marktwirtschaft sowie die Fähigkeit, dem Wettbewerbsdruck und den Marktkräften innerhalb der Union standzuhalten. Die Mitgliedschaft setzt außerdem voraus, dass die einzelnen Beitrittskandidaten die aus einer Mitgliedschaft erwachsenden Verpflichtungen übernehmen und sich auch die Ziele der politischen Union sowie der Wirtschafts- und Währungsunion zu eigen machen können.«[52]

Zu den politischen Kriterien gehören außerdem die regionale Zusammenarbeit und gutnachbarliche Beziehungen mit anderen Erweiterungsländern und den Mitgliedsstaaten der EU. Die Beitrittsverhandlungen werden von der EU-Kommission so geführt, dass zur Eröffnung eines jeden der 33 Kapitel die Zustimmung jedes Mitgliedslandes erforderlich ist. Gleiches gilt für die Entscheidung, ein Kapitel für erfolgreich abgeschlossen zu erklären. Verhandlungsgegenstand ist der komplette *acquis communautaire*, also der Gesamtbestand der europäischen Rechte und Pflichten auf schätzungsweise 80.000 Seiten, die von den Anforderungen in der Landwirtschaft bis zu den Rechtsakten der Gemeinsamen Außen- und Sicherheitspolitik und der europäischen Innen- und Justizpolitik reichen. Sie müssen von der Türkei vollständig übernommen werden. Insofern gibt es nichts zu »verhandeln«.

Bisher wurden Verhandlungen über zwölf Kapitel eröffnet: Wissenschaft und Forschung, Unternehmens- und Industriepolitik, Statistik, Finanzkontrolle, transeuropäische Netze, Verbraucher- und Gesundheitsschutz, Rechte des geistigen Eigentums, Gesellschaftsrecht, Informationsgesellschaft und Medien, freier Kapitalverkehr und Steuern und zuletzt im Dezember 2009 das Kapitel Umwelt. Erst eines davon, Wissenschaft und Forschung, wurde vorläufig abgeschlossen.

Im Dezember 2006 hat der Europäische Rat beschlossen, dass bei acht Kapiteln, die für das türkisch-zypriotische Verhältnis von Bedeutung sind, die Verhandlungen nicht eröffnet werden und dass kein Kapitel vorläufig abgeschlossen wird, solange die Türkei das Zusatzprotokoll zum Assoziationsabkommen, das sogenannte Ankara-Protokoll, nicht vollständig umgesetzt hat. Danach ist die Türkei verpflichtet, türkische See- und Flughäfen für Waren aus Zypern zu öffnen, was Ankara wegen der ungeklärten bilateralen Fragen bisher verweigert. Außerdem blockiert Frankreich unilateral fünf Kapitel: Wirtschafts- und Währungspolitik, Landwirtschaft, Finanzen / Haushalt, Institutionen, Regionalpolitik. Diese Kapitel würden nach französischer Auffassung den Beitritt präjudizieren gegenüber einer engstmöglichen Assoziierung, wie sie von Staatspräsident Sarkozy bevorzugt wird.

Auch Zypern, unterstützt von Griechenland, hat Vorbehalte gegen die Eröffnung oder Weiterführung zentraler Kapitel wie Energie, Justiz / Grundrechte oder Erziehung / Kultur, bei denen Nicosia neuralgische Konfliktpunkte im Verhältnis zu Ankara berührt sieht.

Die aktuelle spanische EU-Präsidentschaft ist hingegen ein starker Befürworter eines türkischen EU-Beitritts. Ob 2010 weitere Verhandlungskapitel eröffnet werden können, für die die technischen Vorbereitungen bereits abgeschlossen oder weit fortgeschritten sind, wird neben diversen Vorbehalten auf Seiten der EU und der tatsächlichen Reformkraft in Ankara auch von der geschickten Vermittlung Madrids abhängen.

Alternative Privilegierte Partnerschaft?

Die Türkei, so ist immer wieder zu hören, sei mit einer Privilegierten Partnerschaft sinnvoller an die EU anzubinden als mit einer Vollmitgliedschaft. Dem beiderseitigen Wunsch nach einer engeren nachbarschaftlichen Zusammenarbeit könne mit diesem Konzept glaubwürdig entsprochen werden.

Was im Sinn einer Privilegierten Partnerschaft als Alternative zur Vollmitgliedschaft dienen könnte, variiert in den unterschiedlichen Vorschlägen von einer umfassenden Freihandelszone über die Intensivierung der Kooperation in der Außen-, Sicherheits- und Verteidigungspolitik, der Innen- und Justizpolitik, der Bekämpfung von Terrorismus, Extremismus und organisierter Kriminalität bis zu gemeinsamen Jugend-, Bildungs- und Kulturprogrammen. In allen Politikfeldern, an denen beide Seiten ein Interesse hätten, könne es gemeinsame politische Positionen, neue rechtliche Grundlagen und verstärkte Finanzhilfen der EU an Ankara geben. Auch gemeinsame Institutionen zum Management der Privilegierten Partnerschaft seien denkbar. Vereinzelt stellen Befürworter sogar Beteiligungen an der Währungsunion und am Schengenraum zur Diskussion.

Den vielfältigen Ideen zur Privilegierten Partnerschaft ist ihr Ziel gemeinsam. Man will kreativ über das bestehende EU-Türkei-Verhältnis hinausgehen, Ankara aber keinesfalls einen Platz am europäischen Tisch anbieten: Kein Stimmrecht in den Institutionen, keine volle Mitwirkung in der Gemeinsamen Agrarpolitik, keine gleichberechtigte Beteiligung an den europäischen Strukturfonds und damit an der gesamteuropäischen Solidarität.

Es geht also vor allem und wieder einmal um die interne Machtbalance und ums Geld. Die Sorge vor einer weiteren Verschiebung des politischen Einflusses innerhalb der EU zugunsten der Kohäsionsländer wird offen ausgesprochen. Schon heute sei die Gruppe dieser Länder gemessen an ihrer Bevölkerungszahl und Wirtschaftsleistung überproportional stark am europäischen Entscheidungsprozess beteiligt. Die Vollmitgliedschaft der Türkei werde das aktuelle Missverhältnis massiv verstärken. Der Türkei, so die Befürworter einer wie auch immer gearteten Privilegierten Partnerschaft, solle die Tür keineswegs vor der Nase zugeschlagen werden. Der durch die Debatte des Konzepts entstandene Eindruck ist allerdings ein anderer.

In der Türkei werden die Vorstöße zur Privilegierten Partnerschaft als Diskriminierung verstanden. Sie seien ein Beweis dafür, dass die Türkei trotz laufender Verhandlungen als einziges Land keine faire Chance bekommen solle, Vollmitglied der EU zu werden. Man habe bereits heute eine privilegierte Partnerschaft mit Europa. Die EU stehe in Wahrheit nicht zu ihrem Wort.

Es ist grundsätzlich kein Fehler, Alternativen zur EU-Vollmitgliedschaft für die europäischen Nachbarstaaten zu diskutieren. Die Suche nach einer differenzierten Gestaltung der europäischen Außenbeziehungen und einer nachhaltigen Erweiterungsstrategie ist vielmehr Ausdruck verantwortlicher Politik. Problematisch wird es allerdings, wenn die Forderungen nach kreativen Politikansätzen während laufender Beitrittsverhandlungen und mit unmissverständlichem Unterton – »wir wollen euch nicht« – erhoben werden.

Das gemeinsame Ziel ist der Beitritt

Jedes mit der EU verhandelnde Kandidatenland braucht für die Übernahme des EU-Besitzstandes und die notwendigen Reformen im eigenen Land eine ungeheure politische Kraft. Diese kann nur dann aufgebracht und aufrechterhalten werden, wenn das Ziel nicht beweglich ist, sondern genau definiert.

Dieses feste Ziel hat der Europäische Rat im Fall der Türkei auch beschlossen und im Oktober 2005 mit ihr gemeinsam den Verhandlungsrahmen vereinbart: »Das gemeinsame Ziel der Verhandlungen ist der Beitritt. Die Verhandlungen sind ein offener Prozess, dessen Ausgang sich nicht im Vorhinein garantieren lässt. Unter voller Berücksichtigung aller Kopenhagener Kriterien, inklusive der Aufnahmefähigkeit der Union, muss, wenn die Türkei nicht in der Lage ist, alle Verpflichtungen der Mitgliedschaft voll zu erfüllen, sichergestellt werden, dass die Türkei voll in den europäischen Strukturen durch die stärkste mögliche Anbindung verankert wird.«[53]

Nach langen Beratungen – und trotz des starken Widerstands seitens Österreichs – haben sich die europäischen Staats- und Regierungschefs explizit auf das Verhandlungsziel »Beitritt« festgelegt. Dagegen konnte sich der Vorschlag, neben der Vollmitgliedschaft alternative Ziele, insbesondere eine Privilegierte Partnerschaft, zu vereinbaren, ausdrücklich nicht durchsetzen. Im Kreis der höchsten Repräsentanten der 27 EU-Staaten hat das Argument der europäischen Überforderung durch die Türkei keine Mehrheit gefunden. Diese Klarheit ist nicht nur für die Türkei, sondern auch für die internen Debatten der EU von Bedeutung.

Der von beiden Partnern vereinbarte Verhandlungsrahmen ist nicht einseitig aufkündbar.

Alternative Vorstellungen zur EU-Vollmitgliedschaft werden sich, wenn überhaupt, nur gemeinsam mit der Türkei in Ruhe und in Abwesenheit schriller Tonlagen entwickeln können. Überlegungen, wie der Türkei eine enge politische und ökonomische Kooperation angeboten werden kann, die über die bestehenden Assoziierungs-, Partnerschafts-, Kooperations- und Handelsabkommen hinausgeht, sind für den Fall denkbar, dass sich die Türkei mit der Übernahme europäischer Verpflichtungen überfordert sähe. Gleiches gilt für Vorschläge zu einem Europäischen Wirtschaftsraum Plus, konzentrischen Integrationskreisen oder abgestufter Integration beziehungsweise schrittweiser Teilmitgliedschaften als Zwischenlösung.

Stünde am Ende eines verlässlich und fair geführten Verhandlungsprozesses eine Privilegierte Partnerschaft, dann nur als Ergebnis eines *gemeinsamen* Wunsches nach Alternativen. Die Vorstellung, dass nach der langen gemeinsamen Geschichte der Türkei einseitig eine Anbindung unterhalb der Vollmitgliedschaft als Endziel vorgeschrieben werden könnte, gefährdet sehenden Auges sowohl den laufenden Annäherungsprozess als auch die »soft power« der EU. Dies wäre eine große Dummheit der Europäer.

Solange die Türkei willens und in der Lage ist, die notwendigen Reformen durchzuführen, um die EU-Mitgliedschaft zu erreichen, versagt das Konzept der Privilegierten Partnerschaft: Es entfaltet keine ausreichende Attraktivität, um die Türkei als europäischen Partner von den behaupteten Vorteilen gegenüber einer Vollmitgliedschaft zu überzeugen. Denn Überzeugungskraft ergibt sich im politischen

Raum nicht nur aus der Substanz von Vorschlägen, sondern auch aus dem sie begleitenden Ton, der Art und Weise des gesamten Vorgehens. Manche Befürworter einer Privilegierten Partnerschaft geben sich scheinbar als Realpolitiker und fordern, man solle Ankara doch endlich »die Wahrheit sagen«, statt jahrelang Verhandlungen über einen Beitritt zu führen, der ohnehin nie stattfinden werde.[54]

April, April – es war alles nicht so gemeint, was wir der Türkei über 60 Jahre gesagt haben? Es zählt nicht mehr, was die europäischen Staats- und Regierungschefs mit der Türkei vereinbart haben? So einfach kann man sich die Sache nicht machen. Jedenfalls nicht, wenn man nicht gleichzeitig fundamentale europäische Werte preisgeben will. Im Umgang mit der Türkei steht auch die Glaubwürdigkeit und Verlässlichkeit der EU auf dem Spiel. Schließlich zählt römisches Rechtsdenken unbestritten zu den Identitätsquellen der EU. Zentral dafür ist der Grundsatz »pacta sunt servanda« – Verträge muss man einhalten. Es wundert schon, mit welcher Nonchalance von den Gegnern eines Beitritts über dieses fundamentale Rechtsprinzip der Vertragstreue einfach hinweggesehen wird.

Eine Privilegierte Partnerschaft, die als Abwehrwaffe ins Feld geführt wird, kann keine Glaubwürdigkeit entfalten. Sie ist deshalb auch nicht geeignet, das erklärte politische Ziel ihrer Befürworter zu erreichen: die Türkei möglichst eng an Europa zu binden. Als Abwehrwaffe ist eine Privilegierte Partnerschaft – im Wortsinn – schlicht nicht attraktiv.

Die Kosten des Beitritts sind Verhandlungssache

Verglichen mit früher beigetretenen Ländern ist die Türkei größer, stärker bevölkert und ärmer. Angesichts der Größe des Landes und seiner wirtschaftlichen Rückständigkeit sei ein EU-Beitritt der Türkei für die Gemeinschaft nicht zu schultern, sagen deshalb die Beitrittsgegner. Die erforderlichen Transferzahlungen würden den EU-Haushalt sprengen. Die Türkei sei ein Fass ohne Boden, in dem alle EU-Subventionen versickern würden.

Die Hilfen für die Landwirtschaft der Türkei könnten nach einer EU-Schätzung aus dem Jahr 2004 bis zu neun Milliarden Euro im Jahr betragen.[55] Einschränkend macht die Kommission deutlich, dass in der zeitlichen Entfernung zu einem möglichen Beitritt der Türkei eine eindeutige Bewertung der Auswirkungen im Bereich der Landwirtschaft nicht möglich sei. Und vor allem: Auch die genannten Schätzungen basieren auf der Annahme, die Agrarpolitik der EU bleibt, wie sie ist.

Eine Reform der EU-Agrarpolitik ist in jedem Fall überfällig und müsste auch ohne einen Türkei-Beitritt erfolgen. Denn auf Dauer kann die EU nicht weiterhin 41 Prozent ihres Haushalts für die Landwirtschaft ausgeben, statt durch höhere Investitionen in Bildung und Forschung dafür zu sorgen, dass die Europäische Union zum »wettbewerbsfähigsten und dynamischsten wissensbasierten Wirtschaftsraum der Welt« wird, wie es die Staats- und Regierungschefs im Jahr 2000 auf dem Sondergipfel in Lissabon beschlossen haben. Mit der bestehenden Agrarpolitik lässt sich dieses Ziel nicht erreichen. Ein bevorstehender Türkei-Beitritt könnte den Reformdruck erhöhen. Ein Gutachten kommt zu dem Ergebnis, dass die Türkei als EU-Mitglied jährlich 15,3 Mrd. Euro an Hilfen aus dem Regionalfonds erhalten würde.[56] Damit sei die EU jedoch hoffnungslos überfordert.

Sicherlich hätten das niedrige Pro-Kopf-Bruttoinlandsprodukt (BIP) der Türkei und die großen regionalen Unterschiede zur Folge, dass die Türkei über einen langen Zeitraum erhebliche Unterstützung durch die Struktur- und Kohäsionsfonds der EU erhalten würde. Außerdem würden zahlreiche EU-Regionen, die bisher in den Genuss von Strukturhilfen kommen, aus den Fördergebieten herausfallen, weil das durchschnittliche BIP mit einem Türkei-Beitritt absinken würde.

Weitere und vor allem bezifferte Aussagen über die finanziellen Auswirkungen grenzen jedoch an Kaffeesatzleserei, weil sie weder wichtige Variablen wie die künftige Wirtschaftsentwicklung der Türkei noch Veränderungen in der EU-Strukturpolitik berücksichtigen können. Nicht ohne Grund stellte die EU-Kommission lapidar fest: »Es ist wichtig zu unterstreichen, dass die Kosten des Beitritts der Türkei Gegenstand der Verhandlungen sein werden und – wie im Falle der vorangegangenen Erweiterungen – auf der Basis dessen, was die EU-Mitgliedsstaaten zu akzeptieren bereit sind, beschlossen werden.«[57] Die Türkei wird also keinen Euro mehr kosten, als die EU-Mitglieder für dieses Projekt zahlen wollen. Weil sie Verhandlungssache sind, taugen die auf die EU zukommenden Kosten jedenfalls nicht als grundsätzliches Argument, um einen EU-Beitritt der Türkei abzulehnen.

Der Fortschrittsbericht 2009 der EU-Kommission

In regelmäßigen, sehr ausführlichen und detaillierten Berichten überprüft die EU-Kommission die Lage in der Türkei anhand der politischen und wirtschaftlichen Kriterien für die Mitgliedschaft. Der jüngste Fortschrittsbericht 2009 beschreibt auf 104 Seiten die Entwicklung bis September 2009.[58] Er dürfte damit die objektivste Bestandsaufnahme darstellen.

Ihm zufolge ist die Türkei derzeit noch nicht reif für einen Beitritt zur Europäischen Union. Aber darum geht es auch nicht. Niemand geht davon aus, die Türkei könne morgen beitreten. Der Beitrittsprozess wird noch viele Jahre dauern.

Die Türkei hat, getrieben durch das Ziel einer EU-Mitgliedschaft, tiefgreifende Reformen in Staat und Gesellschaft auf den Weg gebracht. Der Korridor der Beitrittsverhandlungen gibt ihr dabei die notwendige Richtungssicherheit. Mit dem Beschluss, Verhandlungen zum Zweck des Beitritts aufzunehmen, hat die EU der Türkei eine Chance gegeben, sich in dieser Zeit in ein Land zu verwandeln, das EU-Normen und -Werten genügt. Nur als solches kann die Türkei Mitglied in der EU werden. Die Türkei hat eine faire Chance verdient, die angestoßenen Reformprozesse fortzusetzen. Auch die EU kann dabei nur gewinnen.[59]

Die AKP zwischen Nationalismus und Islamismus

Seit Regierungsantritt der AKP tobt ein Kampf mit den Vertretern eines rigiden Kemalismus um die künftige Gestalt der Türkei. Im Kern geht es dabei um beider Staatsverständnis, um das Verhältnis von Staat und Gesellschaft, von Staat und Religion sowie um die Rolle der Frau. Durch den EU-Prozess spielt sich der teilweise erbitterte Machtkampf zwischen alten und neuen Eliten innerhalb demokratischer und rechtsstaatlicher Leitplanken ab, die das Land zwischen der Skylla eines übersteigerten Nationalismus und der Charybdis des Islamismus auf demokratischem Reformkurs halten. Die AKP ist eine kulturell konservative und marktwirtschaftlich orientierte Mittelstandsbewegung. Ihre Mitglieder wollen keinen islamistischen Umsturz, sondern Integration ins System und gesellschaftlichen Aufstieg.[60] Die Regierung Erdogan führt vor, dass Islam und Demokratie besser zusammenpassen als der pure traditionelle Kemalismus und Demokratie.[61]

Die Gründung der Republik Türkei am 29. Oktober 1923 sollte auch die Antwort auf den Zerfall des Osmanischen Reiches sein. In sechs Leitlinien, die von den Kemalisten bis heute als sakrosankt hochgehalten werden, gibt der Republikgründer Mustafa Kemal Atatürk die Richtung vor: Republikanismus und Volkssouveränität, Nationalismus in Abgrenzung vom osmanischen Vielvölkerstaat, Populismus als Ausdruck einer auf die Interessen des ganzen Volkes gerichteten Politik, Revolutionismus im Sinne ständiger Reformen, Laizismus, d.h. die Trennung von Staat und Religion, und Etatismus mit partieller staatlicher Wirtschaftslenkung.

Nationalismus diente als Bindemittel und sollte vermeiden, dass das, was vom Osmanischen Reich übrig geblieben war, weiter zerfällt. Zusammen mit einem etatistischen Staatsverständnis führte dies zu einer Überhöhung des Staates. Der Staat wurde zum respektheischenden Selbstzweck. Zahlreiche Normen des Verfassungs- und Strafrechts schützen ihn nicht nur vor Verunglimpfung, sondern dank der weiten Auslegung durch Staatsanwälte und Richter auch weitgehend vor Kritik an seiner kemalistischen Ausprägung.

Die EU-Kommission registriert zwar eine sich entwickelnde Debatte über Minderheitenfragen und über Themen, die traditionellerweise als heikel empfunden würden. Jedoch verfolge die Türkei hinsichtlich der Minderheitenrechte nach wie vor einen restriktiven Ansatz. Die Ausübung der Pressefreiheit werde durch politischen Druck auf die Medien und die Rechtsunsicherheit beeinträchtigt. Noch immer liefere das türkische Recht keine ausreichenden Garantien für die Ausübung der Meinungsfreiheit und werde von Staatsanwälten und Richtern häufig restriktiv ausgelegt. Eine Beeinträchtigung der Pressefreiheit sieht die EU-Kommission in den hohen Bußgeldern, die vom Finanzamt in einem Steuerstrafverfahren gegen die Dogan Yayin Holding (DYH), die führende Mediengruppe der Türkei, verhängt wurden. Zwar gebe es auch einige Fortschritte im Bereich des Justizwesens, und dic im August 2009 von der Regierung genehmigte Reformstrategie sei zu begrüßen. Trotzdem bleibt die Kommission besorgt wegen mangelnder Unabhängigkeit, Unparteilichkeit und Effizienz der Justiz. Bei prominenten Fällen wie den Morden an drei Protestanten in Malatya und dem Mord an dem türkisch-armenischen Journalisten Hrant Dink gebe die Qualität der Ermittlungsarbeit Anlass zur Sorge.

Das Folterverbot müsse auch in der Praxis vollständig umgesetzt werden. Zwar sehe der türkische Rechtsrahmen umfassende Schutzmaßnahmen gegen Folter und Misshandlung vor. Die Bemühungen, ihn anzuwenden und die sogenannte Null-Toleranz-Politik der Regierung uneingeschränkt umzusetzen, seien jedoch begrenzt.

Zum starken Nationalstaat gehört ein traditionelles Souveränitätsverständnis, das sich schwertut mit dem Gedanken, Souveränitätsrechte an Brüssel abzugeben, um sie dann gemeinsam mit den anderen EU-Mitgliedern auszuüben. Der Gedanke, dass eine EU-Mitgliedschaft gleichsam eine institutionalisierte und ständige »Einmischung in innere Angelegenheiten« bedeutet, scheint sogar vielen türkischen Befürwortern eines EU-Beitritts noch ziemlich fremd.

Dem starken Staat steht eine bisher noch schwach ausgeprägte Zivilgesellschaft gegenüber. Der Staat ist der Gesellschaft übergeordnet. Der türkische Nationalismus will nur religiöse Minderheiten als solche anerkennen und wittert bei ethnischen Minderheiten sofort die Gefahr des Separatismus. Darunter haben vor allem die Kurden zu leiden, die bis heute um ihre Anerkennung als ethnische Minderheit kämpfen müssen.

Die Kurdenfrage – eine Chance für die Demokratisierung

Der Schutz und die Achtung von Minderheiten gehört zu den Kopenhagener Beitrittskriterien. Für die Türkei geht es dabei vor allem um ihren Umgang mit den Kurden.

Bei den Wahlen 2007 hatte die AKP im Südosten des Landes mehr Stimmen erhalten als die kurdischen Parteien. Sie verfolgt weiterhin ihr Südostanatolienprojekt, mit dem zur sozioökonomischen Entwicklung der Region beigetragen werden soll. Für Investitionen in die Bewässerung, den Straßenverkehr, in das Gesundheits- und Bildungswesen wurden erhöhte Mittel bereitgestellt.

Seit dem Frühjahr 2009 wirbt die AKP-Regierung unter Ministerpräsident Erdogan für eine »demokratische Öffnung«, um die Rechte der Kurden in der Türkei zu stärken. Innenminister Beşir Atalay kündigte im Juli an, das Kurdenproblem durch »mehr Demokratie« lösen zu wollen, Zuvor hatte Staatspräsident Gül im Mai davon gesprochen, dass die Kurdenfrage als das »wichtigste Problem der Türkei« gelöst werden müsse.

Der Konflikt, der immer wieder auch zu militärischen Auseinandersetzungen führte, kostete in den vergangenen 25 Jahren 40.000 Menschen das Leben. Im Jahr 2009 konnten mehrere PKK-Kämpfer mit Erlaubnis der Regierung aus dem Irak wieder in die Türkei zurückkehren. PKK-Führer Öcalan verbüßt seine Haft nun gemeinsam mit anderen Häftlingen und nicht mehr isoliert. Auch sollen Tausende von Kurden ihre Bürgerrechte zurückerhalten. Die Pläne der Regierung sehen außerdem vor, Restriktionen zum Gebrauch der kurdischen Sprache aufzuheben. Dazu gehören die Einrichtung von Kurdisch-Fakultäten an den

Universitäten in Mardin und Diyarbakir, verbesserte Möglichkeiten zum Lernen der kurdischen Sprache in privaten Einrichtungen, die Wiedereinführung alter kurdischer Ortsnamen, gleichberechtigt neben den türkischen, und die Möglichkeit, nichttürkische Sprachen in den Kampagnen politischer Parteien zu verwenden. Seit Anfang 2009 berichtet der staatliche Fernsehsender TRT 6 auch in kurdischer Sprache.

Mit dem Verbot der prokurdischen Partei DTP hat das Verfassungsgericht im Dezember 2009 den politischen Bemühungen der AKP-Regierung allerdings einen schweren Schlag versetzt. Moderate kurdische Politiker werden durch das Urteil geschwächt, Extremisten um die PKK gestärkt.

Kurdenfrage und türkische Identität

Die Türkei ist ein zentralistisch organisierter Staat. Föderale Elemente fehlen weitgehend. Dies erschwert ein institutionelles Eingehen auf die Forderungen nach kulturellen Freiheiten für die Kurden im Südosten des Landes. Für eine wirksame kommunale Selbstverwaltung fehlen den Städten und Gemeinden die notwendigen eigenen Zuständigkeiten und Kompetenzen.

Nicht nur kurdische Vertreter sind der Auffassung, dass zur grundlegenden Lösung des Problems die Verfassung von 1982 geändert werden müsse.[62] Durch eine solche Verfassungsänderung müsste beispielsweise auch der Status der kurdischen Sprache als Ausdruck kultureller Identität geklärt sowie die Zulassung privater kurdischer Rundfunk- und Fernsehsender ermöglicht werden.

Die besondere Herausforderung einer »demokratischen Öffnung« liegt in der Herstellung eines gesellschaftlichen und politischen Konsenses, der das derzeitige türkische Nationalverständnis überwindet. »Solange man aber darauf besteht, die nationale Identität als ›türkische‹ uneingeschränkt beizubehalten, also exklusiv ethno-national zu definieren, bleibt die Gewährung kultureller Identität für die Kurden weitgehend Folklore.«[63]

In dem Vorstoß einer »demokratischen Öffnung« im Umgang mit der kurdischen Bevölkerung liegt gleichzeitig die Chance für eine Demokratisierung der gesamten Türkei. Die Auseinandersetzung um die Identität der Kurden und ihre Stellung in Politik und Gesellschaft ist gleichzeitig eine um die Identität der gesamten türkischen Gesellschaft, um Positionen der religiös-konservativen Gruppen einerseits und der kemalistischen andererseits.

Das Militär als Gralshüter des Kemalismus

Schon im Osmanischen Reich spielte das Militär eine besondere Rolle, als es erste Reformen durchsetzte. Im nationalen Befreiungskrieg und bei der Republikgründung waren die Streitkräfte eine treibende Kraft. Sie garantierten in den Anfangsjahren die Modernisierung von oben. Seitdem genießen sie das Ansehen der Republikgründer und sehen sich selbst in besonderer Verantwortung für die Einheit und Sicherheit der Republik.[64]

Im Kampf für Laizismus und gegen Separatismus und Terrorismus versteht sich das Militär als »Hüter der Verfassung« und nimmt sich das Recht zur Einmischung in die

Politik, wenn es die Verfassung gefährdet sieht. Und das ist immer dann der Fall, wenn die kemalistischen Prinzipien in Frage gestellt werden könnten. 1960, 1971 und 1980 hat es seinen Einfluss mit militärischen Interventionen direkt zur Geltung gebracht. 1997 erzwang es durch indirekten Druck den Rücktritt der Regierung Erbakan. Vor allem der Nationale Sicherheitsrat, der seit 1961 in der Verfassung verankert ist, dient dem Militär als Instrument für politische Einflussnahme.

Die allgemeine Wehrpflicht gilt als Bindeglied zwischen Armee und Gesellschaft. Die Streitkräfte bieten berufliche Ausbildungsmöglichkeiten und technische Schulungen. Für viele junge Männer vom Land ist das Militär die einzige Chance auf Ausbildung und gesellschaftlichen Aufstieg. Auch deshalb genießt das Militär von allen Institutionen im Staat das meiste Vertrauen. Einer von der Agentur TSM Piar im Oktober 2008 durchgeführten Umfrage zufolge gelten die türkischen Streitkräfte zu 86,9 Prozent in der Bevölkerung als die vertrauenswürdigste Institution des Landes, gefolgt von der Polizei (71,8 Prozent), dem Verfassungsgericht (66,0 Prozent), dem Staatspräsidenten (53,8 Prozent) und dem Premierminister (42,6 Prozent).[65] Die uneingeschränkte zivile Kontrolle des Militärs gehört zu den Voraussetzungen für einen EU-Beitritt der Türkei. In mehreren Reformschritten wurden Zusammensetzung und Befugnisse des Nationalen Sicherheitsrates in diese Richtung verändert. Die EU-Kommission kritisiert, dass die Streitkräfte offiziell und inoffiziell »weiterhin ungebührlichen politischen Einfluss« ausüben, und mahnt weitere Maßnahmen an, um die zivile Kontrolle der Sicherheitskräfte sicherzustellen.[66]

Das wollte die AKP-Regierung 2009 auch mit einer Justizreform erreichen, die vorsah, dass Vertreter des türkischen Militärs vor zivilen Gerichten angeklagt werden können. Diese Reform wurde im Januar 2010 vom türkischen Verfassungsgericht unter Berufung auf die Verfassung gekippt, die im Zuge des Putsches 1980 von der Militärführung erarbeitet und 1982 verabschiedet worden war. Auch dieser Vorgang zeigt, dass ohne eine neue Verfassung die notwendigen Reformen nicht durchgesetzt werden können.

Staat und Religion – ein kompliziertes Verhältnis

Laizismus ist ein tragendes Prinzip im Selbstverständnis des türkischen Staates. Vor allem seit mit der AK-Partei eine Partei die Regierung stellt, die sich auf islamische Werte beruft, stehen dieses Prinzip und seine besonderen Ausprägungen immer wieder im Mittelpunkt der politischen Auseinandersetzungen.

Es gibt ein besonderes Verhältnis zwischen Staat und Religion in der Türkei. Aus der Besorgnis, der Islam verlange eine Unterordnung von Staat und Politik unter die Religion, hatte Mustafa Kemal das Verhältnis umgekehrt und den Islam unter staatliche Vormundschaft genommen.

Islam unter staatlicher Vormundschaft

Auf der Grundlage der türkischen Verfassung von 1982 achtet das Präsidium für Religiöse Angelegenheiten Diyanet darauf, dass die Religionserziehung und -ausübung nicht im Widerspruch zur nationalen Solidarität und öffentlichen Ordnung steht.

Der türkische Staat mischt sich dennoch unbeirrt in religiöse Fragestellungen ein – sei es zu politischen, ökonomischen oder sozialen Zwecken – und behindert die freie religiöse Entfaltung. Damit entsteht eine »Politisierung des Islam«.[67] Das Diyanet organisiert den sunnitischen Islam in der Türkei als »Staatsislam« und ist laut Gesetz für alle Belange islamischer Überzeugungen, die Religionsausübung und die Organisation moralischer Werte zuständig. Dazu gehört auch die Führung der Gebetshäuser, die Auswahl und Entsendung von Imamen sowie das Abfassen von Predigten und Erstellen von islamischen Rechtsgutachten, den Fatwas.

Statt Religion und Staat zu trennen, wird auf diese Weise ein staatliches Amt geschaffen, das inhaltlich über die Predigtvorgaben und Curricula in die Religionsausübung eingreift und damit Partei für eine bestimmte Auslegung ergreift. Auch wenn das Diyanet mit seinen 79.807 Imamen, Muezzins und sonstigen Mitarbeitern[68] unter seinem derzeitigen Vorsitzenden Prof. Dr. Ali Bardakoglu einem Reformislam folgt, wie er etwa an der theologischen Fakultät der Universität Ankara gelehrt wird, sind derart weit gefasste staatliche Einwirkungsmöglichkeiten mit dem Menschenrecht auf Religionsfreiheit kaum vereinbar.

Probleme für nichtsunnitische Religionsgemeinschaften

Der sunnitische Islam ist Staatsreligion in der Türkei. Andere Religionen wie das Christentum oder innerislamische Verzweigungen wie die der Aleviten, die etwa 20 Prozent der türkischen Bevölkerung ausmachen, passen nicht recht in diese Form des Laizismus. Sie sind benachteiligt oder nur geduldet und werden vielfach nicht als religiöse Gemeinschaften oder Rechtspersönlichkeiten anerkannt. Sie müssen deshalb komplizierte Konstruktionen aufbauen, um überhaupt rechtlich handeln zu können. Dies sind meist Stiftungen oder im Falle der deutschen katholischen Gemeinde auch eine Aktiengemeinschaft.

Die staatliche Religionserziehung durch das Diyanet wirkt sich auch in fehlenden Ausbildungsrechten und -möglichkeiten für die türkischen religiösen Minderheiten aus. So sind sie gezwungen, ihre Priester auf meist mühevolle Weise aus dem Ausland einzustellen. Von der Türkei werden sie dann aber häufig nicht als Priester anerkannt und müssen deshalb wiederum unter anderen Berufen angemeldet werden. Der schulische Religionsunterricht ist staatlich verordnet. In der Türkei existiert kein Religionsvertrag zwischen dem Staat und religiösen Gemeinschaften, in dessen Rahmen die Religionsgemeinschaft einen Teil des Unterrichts mitbestimmen könnte. Für Anhänger anderer Glaubensgemeinschaften besteht kein Wahlfach-Angebot.

Um dem Recht auf Religionsfreiheit gerecht zu werden, ist die Türkei hier aufgefordert, Gesetzesgrundlagen zu schaffen, die einen Einstieg aus dem Ausstieg staatlicher Intervention in religiöse Angelegenheiten einleiten. Die EU-Kommission merkt an, »dass die freie Religionsausübung im Allgemeinen weiterhin gewährleistet ist«. Ein mit der Europäischen Menschenrechtskonvention übereinstimmender Rechtsrahmen müsse jedoch noch geschaffen werden, um sicherzustellen, dass die nichtmuslimischen Religionsgemeinschaften und die Aleviten keinerlei ungebührlichen Einschränkungen mehr unterworfen seien.

Religionsfreiheit für Christen – noch ein weiter Weg

Vor allem die unbefriedigende Lage der Christen in der Türkei dient Beitrittsgegnern immer wieder als Beleg für die »Andersartigkeit« der muslimisch geprägten Türkei, weswegen ein EU-Beitritt letztlich nicht in Frage komme. Dabei ist ein erfolgreicher Beitrittsprozess der vielversprechendste Weg, die unerfreuliche Lage der Christen in der Türkei zu verbessern.

Die Diskriminierungen der Christen gehen weniger auf die anderen religiösen Überzeugungen der Mehrheitsbevölkerung zurück als auf das kemalistische Verständnis von Laizismus, das in der Praxis dem sunnitischen Islam eine Sonderstellung einräumt.

Ende des 19. Jahrhunderts lebten mehr als zwei Millionen Christen auf dem Gebiet der späteren Republik Türkei. Jeder fünfte Einwohner des Landes bekannte sich zum Christentum. Zu Beginn des 20. Jahrhunderts wurden mit dem Zerfall des Osmanischen Reiches und der Gründung der türkischen Republik Armenier, Griechen und andere christliche Nationalitäten vertrieben oder getötet. Heute leben noch rund 100.000 Christen in der Türkei, der Großteil im Raum Istanbul. Nur noch 0,2 Prozent der türkischen

Bevölkerung sind Christen. Sie fühlen sich noch heute bedrängt, das heißt mehr als diskriminiert, aber weniger als verfolgt.[69] Die Christen hoffen darauf, dass sich ihre Situation im Laufe des EU-Beitrittsprozesses verbessert, können hier bislang allerdings nicht viel erkennen.

Der Apostolische Nuntius in Ankara wird von der Türkei nicht als religiöser Vertreter, sondern lediglich als Vertreter des Heiligen Stuhls, also eines anderen Staates anerkannt.[70] Internationales Aufsehen erregte auch ein Urteil des Obersten Berufungsgerichts im Juli 2007, das dem Patriarchen von Konstantinopel, Bartholomaios I., den Titelzusatz »ökumenisch« aberkannte.

Auch die christlichen Gemeinden haben sich als Stiftungen konstituiert, um überhaupt rechtlich handeln und Besitz erwerben zu können. 1976 hatte der türkische Staat alle nach 1936 erworbenen Immobilien dieser Stiftungen beschlagnahmt. Das 2008 in Kraft getretene neue Stiftungsgesetz sieht vor, dass die Immobilien teilweise rückerstattet werden, und weitet damit die Eigentumsrechte der religiösen Minderheiten aus. Wie der EU-Fortschrittsbericht 2009 allerdings vermerkt, werden vom türkischen Staat bereits weiterverkaufte Immobilien nicht zurückerstattet und Besitztümer vor 2008 fusionierter Stiftungen nicht berücksichtigt.[71]

Zudem werden die Anträge vielfach bürokratisch verschleppt. Auch deshalb hat weder das Reformpaket vom Sommer 2003, das den Neubau christlicher Kirchen ermöglichen sollte, noch das im Februar 2008 reformierte Stiftungsrecht in der Praxis bisher zu deutlichen Verbesserungen geführt.

Das 1971 von der türkischen Regierung geschlossene

griechisch-orthodoxe Priesterseminar auf der Insel Chalki ist nach wie vor nicht wiedereröffnet. Somit kann die griechisch-orthodoxe Kirche in der Türkei keine Geistlichen ausbilden. Die aus dem 12. Jahrhundert stammende Kirche am Geburtsort des Apostels Paulus in Tarsus hatte der türkische Staat 1943 konfisziert, jahrzehntelang als Militärdepot genutzt und dann in den 1990er Jahren zu einem Museum erklärt. Den Gläubigen wird seitdem die Möglichkeit gewährt, dort Gottesdienste zu feiern. Allerdings müssen sie die Messen vorab anmelden und Museumseintritt bezahlen. Im Paulus-Jahr 2008/9, in dem diese Kirche Ziel zahlreicher Pilger war, wurde diese Praxis gelockert und die Kirche für Gebete freigegeben. Im Januar 2010 erklärte ein Sprecher des Diyanet, auch die türkische Religionsbehörde spreche sich jetzt für eine dauerhafte Öffnung der Paulus-Kirche als Beitrag zur Religionsfreiheit aus. Erste Reaktionen auf katholischer Seite waren skeptisch – die weitere Entwicklung bleibt abzuwarten.

Bis heute gestattet die türkische Regierung der armenischen Kirche keine Gottesdienste in der vor zwei Jahren restaurierten Heilig-Kreuz-Kirche auf der Insel Akdamar im Van-See. Die seit der Vertreibung der Armenier aus Anatolien verfallene Kirche war im Auftrag der türkischen Regierung restauriert worden. Zur Einweihung im Frühjahr 2008 war auch der armenische Patriarch der Türkei, Mesrob II., eingeladen, der in seiner Rede darum bat, wenigstens einmal im Jahr eine Messe dort zelebrieren zu dürfen. Bis heute ohne Erfolg.

Mor Gabriel, das vor 1.600 Jahren gegründete und damit eines der ältesten christlichen Klöster der Welt im türkischen Tur Abdin, ist bis heute eines der bedeutendsten

Klöster der Syrisch-Orthodoxen Kirche von Antiochien sowie Sitz des Metropoliten des Tur Abdin.

Seit Mitte 2008 gibt es Streitigkeiten über Klostergrundstücke, die sich im Zuge einer allgemeinen Katastererfassung entwickelt hatten. Das Kloster Mor Gabriel wurde von drei umliegenden kurdischen Dörfern wegen »rechtswidriger Ansiedelung« verklagt. Daraus entwickelten sich insgesamt drei Gerichtsverfahren, wovon das erste im Mai 2009 zugunsten und das zweite im Juni 2009 zuungunsten des Klosters ausfielen. Da Rechtsmittel eingelegt wurden, ist keines der beiden Urteile bisher rechtskräftig; der dritte Prozess wurde bis auf Weiteres vertagt. Das Kloster sah und sieht sich durch diese Angriffe in seiner Existenz gefährdet. Ministerpräsident Erdogan hatte bereits im April 2009 eine gütliche Einigung angemahnt.

Sowohl die EU als Ganzes als auch Vertreter einzelner Länder, darunter Deutschland, beobachten die Vorgänge sehr genau. In diversen Gesprächen konnte ich selbst den Eindruck gewinnen, dass die türkische Regierung in Ankara kein Interesse daran hat, die Situation eskalieren zu lassen. Sie ist sich des großen internationalen Interesses und der Signalwirkung für den Umgang der Türkei mit einer christlichen Minderheit im Hinblick auf den Beitrittsprozess bewusst.

Christen in der Türkei sind für den EU-Beitritt

Während für viele Beitrittsgegner die nach wie vor unbefriedigende Lage der Christen in der Türkei ein zentrales Argument gegen einen EU-Beitritt ist, sehen die Christen in der Türkei im EU-Beitrittsprozess den einzigen Weg, ihre Benachteiligungen zu überwinden. Sie befürworten deshalb eine EU-Mitgliedschaft.

So sah der griechisch-orthodoxe ökumenische Patriarch von Konstantinopel, Bartholomaios I., in einer Rede 2004 den Beitritt sowohl für Europa als auch die Türkei als vorteilhaft an: »The incorporation of Turkey and the Turkish model into the European Union may well provide a concrete example and a powerful symbol of mutually beneficial cooperation between the Western and Islamic worlds and put an end to the talk of a clash of civilizations.«[72] In einer Rede vor dem Europäischen Parlament fügte er 2008 noch hinzu, dass diese Vorteile nur gegeben seien, wenn die Türkei das europäische Projekt der Toleranz annehme: »This is why Europe needs to bring Turkey into its Project and why Turkey needs to foster intercultural dialogue and tolerance in order to be accepted into the European Project.«[73]

Noch ist die Türkei ein erhebliches Stück entfernt von einem Pluralismusverständnis, wie es für das Zusammenleben in der EU mit verschiedenen Weltanschauungen und Religionen konstitutiv ist. An dieser Frage wird sich letztlich entscheiden, ob die Türkei in die EU »passt« oder nicht.

Außerdem wird es darauf ankommen, ob die Türkei mit Europa ein Menschenbild teilt, das durch die unveräußerliche Würde eines jeden Menschen und die Gleichberechtigung der Geschlechter gekennzeichnet ist. Wegen der Rollenzuweisung an die Frau, die nach Ansicht vieler vom Islam vorgeschrieben werde und die der türkische Staat übernehme, statt auf Gleichberechtigung und Gleichstellung zu dringen, bestehen auch hier Zweifel.

Es ist wichtig, zwischen der gesellschaftlichen Rolle der Frau im Rechtssystem des türkischen Staates einerseits und im Islam andererseits zu unterscheiden. Unterschiede gibt es auch zwischen der eher westlich orientierten Westtürkei und dem traditioneller geprägten Ostanatolien. Diese Unterschiede führen zu Spannungen in den Ballungszentren, wo beide Traditionen aufeinandertreffen.

Der allgemeine Rechtsrahmen zur Gewährleistung der Rechte der Frau und der Gleichstellung der Geschlechter ist laut EU-Fortschrittsbericht 2009 »weitgehend vorhanden«. Allerdings müssten noch erhebliche weitere Bemühungen unternommen werden, um ihn in die Praxis umzusetzen und die Unterschiede zwischen Männern und Frauen abzubauen, die bei der Teilhabe am Wirtschaftsleben, den wirtschaftlichen Chancen, bei der Übertragung politischer Verantwortung und dem Zugang zur Bildung bestehen. Bereits 1930 hat die Türkei das aktive und 1934 das passive Wahlrecht für Frauen eingeführt, noch vor Frankreich, Spanien und Griechenland.[74] Am 22. Mai 2004 hat sie ihre Verfassung geändert und dem Artikel 10 den Satz hinzugefügt: »Männer und Frauen sollen die gleichen Rechte haben. Der

Staat hat die Aufgabe, sicherzustellen, dass diese Gleichheit in die Praxis umgesetzt wird.« Damit wurde die Gleichberechtigung zwischen Frauen und Männern endgültig in der Verfassung normiert.[75]

Zum 1. Januar 2001 wurde das Bürgerliche Gesetzbuch in 1.030 Paragrafen geändert. Viele Lebensbereiche der Frauen wurden damit grundlegend verbessert. In den letzten zwei Jahren ist die Zahl der Managerinnen in der Türkei von 17 Prozent auf 19 Prozent gestiegen. Die Eigentumsverteilung in der Ehe im Falle einer Scheidung erfolgt seither zu gleichen Teilen und berücksichtigt die »häusliche Arbeit« der Frau. Im Erbrecht wurden eheliche und nichteheliche Kinder einander gleichgestellt. Und Frauen dürfen erst ab dem 18. Lebensjahr und nicht bereits mit 15 Jahren heiraten.[76]

Das Tragen von Kopftüchern ist in der Türkei in staatlichen Behörden untersagt. Das gilt für alle öffentlichen Bediensteten wie auch für Schülerinnen und Studentinnen. An den Universitäten wurde dieses Verbot auch schon mit polizeilichen Maßnahmen durchgesetzt. Basis hierfür ist die Gesetzeslage der Türkei entsprechend ihrem Selbstverständnis als laizistisch. Besonderen Stellenwert hatte deshalb die von der derzeitigen Regierung angestrebte Erlaubnis, mit Kopftuch studieren zu können. Als das türkische Parlament im Februar 2008 die entsprechende Verfassungsänderung diskutierte, kam es zu Massendemonstrationen. Säkulare Kreise sahen sich einer »konservativen Welle« gegenüber und befürchteten eine wachsende Bedrohung ihrer freien, europäischen Lebensweise.

In Ankara hatten rund 70 Organisationen zu Protesten aufgerufen, und über 100.000 Menschen protestierten gegen die Aufhebung des Kopftuchverbotes. Nach erbitterter Diskussion wurde die positive Entscheidung des Parlaments vom Verfassungsgericht als Verstoß gegen das Prinzip des Laizismus aufgehoben. Im März 2009 wurde eine Kommission zur Chancengleichheit zwischen Männern und Frauen im Berufsleben eingerichtet.[77] Diese Maßnahme soll die Erwerbstätigkeitsquote bei Frauen erhöhen, die derzeit abgesehen von der Landwirtschaft, bei nur 25 Prozent liegt.

Häusliche Gewalt, Ehrenmorde, Frühehen und Zwangsheirat sind – so die EU – in einigen Landesteilen leider immer noch gravierende Probleme. So gaben bei einer türkeiweiten Erhebung im Jahr 2008 zur häuslichen Gewalt an Frauen 39 Prozent der Befragten an, bereits Opfer körperlicher Gewalt geworden zu sein, und 15 Prozent berichteten über sexuellen Missbrauch. Ein wesentliches Ergebnis dieser auch mit EU-Mitteln finanzierten Studie war, dass sich ein Großteil der türkischen Frauen seiner Rechte noch immer nicht in vollem Umfang bewusst ist. So hatte kaum die Hälfte der Frauen, die häusliche Gewalt erlitten hatten, bislang überhaupt darüber gesprochen, und kaum eine hatte Hilfe bei einer staatlichen Stelle oder einer anderen Organisation gesucht.[78] Immerhin werden mittlerweile Trainingsprogramme angeboten, wie zum Beispiel das »Human Rights Education Program for Women«. Städte mit über 50.000 Einwohnern sind dazu verpflichtet, Schutzeinrichtungen für Frauen bereitzustellen.[79]

Der geänderte Rechtsrahmen stimmt inzwischen im Wesentlichen mit europäischen Standards überein. Damit er uneingeschränkt durchgesetzt wird, muss sich auch das gesellschaftliche Bewusstsein vielerorts ändern. Der EU-Beitrittsprozess wirkt hierbei positiv und stärkt die Kräfte in der Türkei, die sich gegen jede Form der Gewalt gegen Frauen einsetzen.

Den Stolperstein Zypern überwinden

Der ungelöste Zypern-Konflikt birgt grundsätzliches Streitpotenzial für die EU-Beitrittsverhandlungen mit der Türkei. Die Türkei hat das Ankara-Protokoll, mit dem die Zollunion zwischen der Türkei und der EU auf alle neuen EU-Mitgliedsstaaten ausgedehnt werden soll, zwar 2005 unterzeichnet, aber bisher noch nicht ratifiziert. Sie macht den Zugang von zyprischen Schiffen, Flugzeugen und LKWs zu türkischem Territorium davon abhängig, dass ein Direkthandel zwischen der EU und Nordzypern zugelassen wird.

Dies hatte die EU zugesagt, nachdem der Annan-Plan zur Lösung des Zypern-Konflikts in einer Volksabstimmung gescheitert war. Gegen den Direkthandel machte die Regierung der Republik Zypern grundsätzliche politische und juristische Vorbehalte geltend, die bislang nicht ausgeräumt werden konnten. Deshalb ist die Direkthandelsverordnung bisher nicht in Kraft getreten. In ihrem Fortschrittsbericht 2009 sieht die EU-Kommission keine Verbesserung der bilateralen Beziehungen zwischen der Türkei und der Republik Zypern. Die Türkei müsse nun »dringend ihrer Verpflichtung nachkommen, das Zusatzprotokoll vollständig und ohne Diskriminierung umzusetzen«.[80] Obwohl die fehlende Umsetzung des Ankara-Protokolls damit ein wichtiges Hindernis in den Beitrittsverhandlungen bildet, schließt die Türkei eine völkerrechtliche Anerkennung Zyperns vor einer umfassenden Lösung der Zypern-Frage bisher aus.

Zypern hat für die Türkei eine große innenpolitische Bedeutung. Vor allem das Militär und die oppositionelle CHP wachen mit Argusaugen darüber, dass die AKP-Regierung nicht von der bisherigen Linie abweicht. Danach sieht die Türkei die Insel als geteilt und den türkisch-zypriotischen Nordteil als eigenen Staat an. Freilich hat bisher kein anderer Staat die sogenannte Türkische Republik Nordzypern völkerrechtlich anerkannt. Um ihrer Haltung Nachdruck zu verleihen, verweigert die Türkei ihre Zustimmung zu den Beitrittsanträgen der Republik Zypern zu verschiedenen internationalen Organisationen, Verträgen und Zusammenschlüssen. Auch einer Zusammenarbeit zwischen NATO und EU streut sie aus diesem Grund immer wieder Sand ins Getriebe. Im Kosovo und in Afghanistan gab es deshalb unnötige Erschwernisse und Komplikationen.

Mit dieser Haltung tut sich die Türkei keinen Gefallen. Sie kann die gegenwärtigen Schwierigkeiten auch nicht als Hebel zur Beförderung ihrer EU-Ambitionen nutzen, im Gegenteil. Ihr Verhalten schadet der eigenen Glaubwürdigkeit. Wer der EU angehören will, muss alle ihre bisherigen Mitglieder ebenfalls anerkennen und darf seine Mitgliedschaft in einer anderen Organisation – der NATO – nicht dazu nutzen, der EU das Leben schwer zu machen.

Der Verweis auf den ungelösten Zypern-Konflikt macht freilich auch deutlich, dass es nicht allein an der Türkei liegt. Schon die Hoffnung, im Zuge der Beitrittsverhandlungen mit Zypern werde sich die Teilung überwinden lassen, hatte getrogen. Beim Referendum über den im Auftrag der Vereinten Nationen erarbeiteten Annan-Plan hatte die türkisch-zypriotische Seite zugestimmt, die griechisch-zypriotische Seite jedoch abgelehnt.

Seit September 2008 wird in Zypern wieder verhandelt. Der Präsident der Republik Zypern, Christofias, und der Präsident der Türkischen Republik Nordzypern, Talat, sowie von ihnen eingesetzte Unterhändler treffen sich regelmäßig, ohne in den schwierigen Fragen Staatsaufbau und Machtverteilung, Eigentum, Sicherheit, Garantiemächtestatus und Schicksal der türkischen Siedler bisher einen Durchbruch erzielt zu haben.

Die EU hat ein doppeltes Interesse an einem Erfolg. Zum einen wäre endlich die Teilung eines Mitgliedslandes beendet. Zum anderen wäre ein wichtiges Hindernis auf dem Weg der Türkei in die EU ausgeräumt. Das sollte für eine deutlich aktivere Rolle der EU bei der Lösung des Zypern-Konflikts sprechen. Gemeinsam mit den Vereinten Nationen ist auch die EU gefordert, einen Konflikt lösen zu helfen, der vor dem EU-Beitritt Zyperns hätte gelöst sein müssen.

Noch tiefgreifende Reformen nötig

Der Weg in die EU verlangt der Türkei tiefgreifende Reformen in Staat und Gesellschaft ab. Vor allem der damit verbundene gesellschaftliche Wandel wird das Land zu einer anderen Türkei machen. Aber diese Wandlungsfähigkeit ist möglich und nicht durch unveränderliche Kennzeichen wie die muslimische Religionszugehörigkeit der Bevölkerung a priori ausgeschlossen.

Nach anfänglichem Elan erlahmte der Reformeifer der türkischen Regierung seit dem Beginn der Beitrittsverhandlungen. Die Kopftuchfrage und das drohende AKP-

Verbot standen stärker im Vordergrund als die Übernahme des *acquis communautaire.* Seit der Ernennung von Staatsminister Egemen Bagis zum Chefunterhändler für die EU-Verhandlungen im Januar 2009 scheint wieder neuer Schwung in die türkische EU-Politik zu kommen.

Die Türkei – ein junger Wachstumsmarkt

Nach den Kopenhagener Kriterien muss die türkische Wirtschaft dem Wettbewerbsdruck im Binnenmarkt standhalten können. Sie hat die Krise der 90er Jahre mit hohen Arbeitslosenzahlen und einer durchschnittlichen Inflationsrate von 70 Prozent überwunden. Neben dem Internationalen Währungsfonds war es vor allem die disziplinierende Wirkung, die vom angestrebten EU-Beitritt ausging, die den notwendigen Reformen Nachdruck und Richtung gaben.

Das derzeitige Pro-Kopf-BIP der Türkei in Kaufkraftstandards liegt bei 45,5 Prozent des EU-27-Durchschnitts, vergleichbar mit dem Bulgariens und Rumäniens.[81] Zwei Drittel der türkischen Bevölkerung leben in Großstädten wie Istanbul, Ankara oder Izmir. In diesen Städten erfolgt 80 Prozent der gesamten Wertschöpfung. Es besteht zudem ein starkes Wohlstandsgefälle von West nach Ost: Koncaeli als reichste Region kommt auf ein Pro-Kopf-BIP von 46 Prozent des EU-Durchschnitts; in den ärmsten Landesteilen Agri und Van beträgt es lediglich 8 Prozent.

In den reicheren Regionen ist der Anteil von Industrie und Dienstleistungen an Produktion und Beschäftigung hoch, während in den meisten anderen Regionen die Landwirtschaft dominiert. Ein Drittel der Erwerbsbevölkerung ist in den rund drei Millionen landwirtschaftlichen Betrieben beschäftigt. Die meisten arbeiten als Familienbetriebe. Ihre durchschnittliche Betriebsgröße beträgt 6 Hektar. Wie in Rumänien und Bulgarien wird in der Türkei weitgehend Subsistenzlandwirtschaft mit niedriger Produktivität betrieben. Und nur ein kleiner Teil der Erzeugnisse wird vermarktet.

Trotz ihrer heterogenen Wirtschaftsstruktur und des starken West-Ost-Gefälles ist die Türkei inzwischen die sechstgrößte Volkswirtschaft Europas. Der Agrarsektor trägt 10 Prozent, die Industrie annähernd 30 Prozent und der Dienstleistungssektor 45 Prozent zum Bruttoinlandsprodukt bei.[82]

Seit 2002 wuchs die türkische Wirtschaft jährlich um 7 Prozent, das Durchschnittseinkommen je Einwohner verdoppelte sich in nur fünf Jahren auf 5.350 Dollar, die Inflationsrate sank auf unter 10 Prozent. Die gesamte Staatsverschuldung sank von 91 Prozent auf weniger als 50 Prozent im Jahr 2006 und erfüllte damit eines der Maastrichter Stabilitätskriterien. Mit 400 Milliarden Dollar übertraf die türkische Volkswirtschaft 2006 jene von Belgien, Schweden und der Schweiz.

EU-Perspektive hilft türkischer Wirtschaft

Wie bei Griechenland, Spanien oder Portugal wirkte die EU-Perspektive als positiver Reformbeschleuniger. Auch in der Türkei sorgten Liberalisierungen der Volkswirtschaft und vor allem ausländische Direktinvestitionen, die vom EU-Prozess angezogen wurden, für einen entscheidenden Modernisierungsschub.

Jahrzehntelang waren jährlich nicht mehr als eine Milliarde Dollar an ausländischen Direktinvestitionen in die Türkei geflossen. Als im Dezember 2004 entschieden worden war, dass die Beitrittsverhandlungen Ende 2005 beginnen sollten, änderte sich dies schlagartig: 2005 schnellten die ausländischen Direktinvestitionen auf 9 Milliarden Dollar und ein Jahr später auf 20 Milliarden Dollar hoch. 2007 betrugen sie 22 Milliarden Dollar.[83] Dank einer Strukturreform im Jahr 2001 hat das Bankensystem die internationale Finanzkrise bislang weitgehend unbeschadet überstanden. Reformiert wurden damals auch die Bereiche Energie und Telekommunikation.[84]

Wachstum findet inzwischen nicht mehr allein im weit entwickelten Westen statt. Kayseri, Konya und Gaziantep sind östliche Zentren des Landes mit einer besonders dynamischen Entwicklung. Vor allem kleine und mittelständische Unternehmen haben wesentlich zum wirtschaftlichen Erfolg der Türkei während der letzten Jahre beigetragen. Seit 2000 haben laut OECD Familienunternehmen der ersten Generation für die Schaffung von 800.000 Arbeitsplätzen und einen Zuwachs zum BIP von rund 12 Prozent gesorgt.[85]

Neue Klasse religiös verwurzelter Unternehmer

Diesen Aufschwung verdankt das Land vor allem einer neuen Klasse türkischer Unternehmer. Ihre wirtschaftliche Dynamik und ihre Herkunft verliehen ihnen den Titel »anatolische Tiger«. Bezeichnend ist ihre feste Verwurzelung im Islam. Sie stehen mit dem Aufbau von kleinen und mittelständischen Unternehmen für eine profunde kulturelle und soziale Veränderung in der Türkei. Motivation und Antrieb für ihr unternehmerisches Handeln sind der islamische Glaube und die Überzeugung, das eigene Schicksal selbst in die Hand nehmen zu müssen. Sie setzen weniger auf den Staat, sondern vielmehr auf die eigene Tatkraft, und sie personifizieren islamische Tugenden wie Fleiß, Sparsamkeit, Strebsamkeit und Bescheidenheit. Die Förderung der Ausbildung kommender Generationen ist diesen Unternehmern ein besonderes Anliegen. Gemeinsinn und eine enorme Spendenbereitschaft zum Aufbau öffentlicher und sozialer Einrichtungen sind bezeichnend für diese Gruppe. Dieses neue Unternehmertum in der Türkei verkörpert das Miteinander von Islam und moderner Entwicklung.[86]

Trotz aller Fortschritte bleibt das Problem der hohen Arbeitslosigkeit in der Türkei bislang ungelöst. Im Frühjahr 2009 lag die Arbeitslosenquote laut OECD bei rund 15 Prozent. Eine hohe Zahl von 1,5 bis 2 Millionen Schulabsolventen bewirbt sich jedes Jahr um einen Studienplatz. Nur ein Drittel dieser Bewerber kann ein Studium beginnen. Insgesamt studieren an türkischen Universitäten ungefähr zwei Millionen junge Menschen.

Intensive deutsch-türkische Wirtschaftsbeziehungen

Von den über 15.000 ausländischen Unternehmen, die inzwischen in der Türkei investiert haben, kommt die Hälfte aus der EU, die meisten davon aus Deutschland. Im Jahr 2005 waren 1.500 deutsche Unternehmen in der Türkei tätig. Mitte 2009 waren es mehr als 3.600, meist kleine und mittelständische Betriebe.[87] 1999 betrugen die deutschen Direktinvestitionen in der Türkei 1.147 Millionen Euro. Im Jahr 2007 lagen sie bei 5.720 Millionen Euro.[88] MAN und Mercedes, Bayer, Boss und Bosch produzieren in der Türkei. Siemens hat unlängst 100 Millionen Euro in ein Fertigungswerk in Gebze investiert. Das deutsch-türkische Joint-Venture EnBW-Borusan beabsichtigt, in den nächsten zehn Jahren 2,5 Milliarden Euro in der Türkei zu investieren.[89]

Längst kommen nicht nur billige T-Shirts und Haselnüsse aus der Türkei. Es sind Industriegüter, auf die inzwischen 90 Prozent des Exports entfallen: Stahl und Autos, Kfz-Teile und Textilien, Fernsehgeräte und chemische Düngemittel. Die Türkei ist siebtgrößter Produktionsstandort der Automobilbranche in Europa und stellt jedes Jahr über eine Million PKW und LKW her, die vor allem nach Deutschland, Italien, Spanien und Großbritannien exportiert werden. Mehr als jedes dritte in der EU verkaufte Fernsehgerät ist »Made in Turkey«.

Auch viele mittelständische Unternehmen zieht es in die Türkei. Die junge Bevölkerung ist konsumfreudig und sorgt für gute Umsätze bei den Niederlassungen von Tchibo, Deichmann und Metro. Im Herbst 2007 hat in Istanbul ein erster Mediamarkt eröffnet.[90]

Die Übernahme deutscher durch türkische Unternehmen ist kein Einzelfall mehr. Grundig wurde durch das türkische Unternehmen Koc-Holding übernommen. Pegasus Air hält 15 Prozent von Air Berlin. Die türkische Industriegruppe Eczacibasi hat eine 51-Prozent-Beteiligung an der Villeroy & Boch Fliesen GmbH, die 2007 über 200 Geschäfte der Marke »House of Villeroy & Boch« in der Türkei betrieb.[91]

Die Beitrittsverhandlungen und die EU-Perspektive sorgen für Vertrauen in die Beständigkeit des wirtschaftlichen Reformkurses und damit für entsprechende Investitionen aus dem Ausland. Käme der EU-Prozess zum Erliegen, bliebe das ausländische Kapital aus, das Wachstum ginge zurück und an die Stelle von Reformen träte wahrscheinlich ein neuer Protektionismus.

Bleibt die Türkei auf EU-Kurs und setzt die Reformen fort, strömt weiter ausländisches Kapital ins Land. Neue Arbeitsplätze entstehen und die Akzeptanz für weitere Reformen wächst.

Energie – mehr Versorgungssicherheit mit der Türkei

Der europäische Energieverbrauch ist durch einen hohen Anteil an Erdöl (37 Prozent) und Erdgas (24 Prozent) gekennzeichnet. Die weiteren wichtigen Energiequellen sind Kohle (18 Prozent), Nuklearenergie (14 Prozent) und erneuerbare Energie (7 Prozent).[92] Die Europäische Kommission schätzt, dass die gegenwärtige allgemeine Importabhängigkeit von knapp über 53 Prozent in den nächsten zwanzig Jahren auf rund 70 Prozent zunehmen wird[93], trotz aller Bemühungen um Einsparungen und verbesserte Energieeffizienz. Dadurch werden vor allem bei Erdgas und Erdöl bis 2030 sehr hohe Importabhängigkeiten von über 84 Prozent bzw. 93 Prozent entstehen.[94] Während Erdöl von den EU-Mitgliedsländern aus den verschiedensten Lieferländern bezogen wird, besteht beim Erdgas eine sehr hohe Abhängigkeit von Russland, die sowohl die Gasmengen selbst wie auch die Pipelines betrifft. Diese starke Abhängigkeit von einem De-facto-Liefermonopolisten ist nicht nur ökonomisch nachteilig, sondern auch politisch bedenklich.

Das Grünbuch der Kommission schlägt deshalb neben EU-Krisenmechanismen wie Vorratslagern richtigerweise vor allem die Diversifizierung von Lieferanten und Lieferwegen, strategische Energiepartnerschaften und eine europaweite Energiegemeinschaft vor. Die Türkei ist dafür ein »essentielle[r] strategische[r] Partner«.[95] Auch der EU-Aktionsplan für Energieversorgungssicherheit und -solidarität von 2008 betont die zentrale Rolle der Türkei für eine sichere Gasversorgung Europas.[96]

Die »Nabucco-Pipeline«, die Gas aus Zentralasien über die Türkei, Bulgarien, Rumänien und Ungarn nach Österreich bringen soll, ist dafür von entscheidender Bedeutung. Ein entsprechendes Abkommen wurde am 13. Juli 2009 in Ankara unterzeichnet. Die Gaspipeline soll nicht nur 5 bis 10 Prozent des europäischen Gasbedarfs decken, sondern als alternative Lieferstrecke auch die 100-prozentige Abhängigkeit mancher osteuropäischen EU-Mitglieder von Russland beenden. Als Lieferländer sind vor allem Turkmenistan, Aserbaidschan und der Irak interessiert. Die zentralasiatischen Lieferländer erhalten alternative Transportwege nach Europa, die nicht über russisches Territorium führen. Durch die Nabucco-Pipeline wird die Versorgungssicherheit für die EU also deutlich erhöht.

Zwei der sechs Gaspipeline-Korridore, die für die EU von besonderem Interesse sind, verlaufen durch die Türkei.[97] Für die EU ist die Türkei als Energiekorridor und Schlüsselland für den Energietransit von herausragender strategischer Bedeutung. Ein Beitritt der Türkei würde die EU bis an die Grenzen der energiereichsten Regionen der Welt im Mittleren Osten und am Kaspischen Meer ausdehnen. Die überragende Bedeutung, die eine sichere Energieversorgung jetzt und in Zukunft für unsere wirtschaftliche Entwicklung hat, legt es nahe, die Türkei als Mitglied an die EU zu binden und sie damit zum Bestandteil des gemeinsamen Energieversorgungsraums zu machen, zu dem sich die EU entwickeln sollte.

Neue Nachbarn und mehr Einfluss

Bei einem türkischen Beitritt würden Georgien, Armenien, Iran, der Irak und Syrien zu unmittelbaren Nachbarn der EU. Der frühere Bundeskanzler Helmut Schmidt sieht deshalb unausweichlich zusätzliche außenpolitische und strategische Komplikationen auf die EU zukommen.

In der Tat würden damit bilaterale Fragen zwischen der Türkei und ihren Nachbarn auch zu Fragen der EU. Soweit damit verteidigungs- und sicherheitspolitisch bedeutsame Konsequenzen gemeint sind, folgt dies allerdings schon aus der NATO-Mitgliedschaft der Türkei. Die Bündnis- und Beistandsgrenzen schließen die Türkei seit Gründung der Allianz ein. Aus guten Gründen hat die NATO der Türkei nicht die Rolle eines »Pufferstaates« zugemutet.

»Ein sicheres Europa in einer besseren Welt« beschreibt das Ziel der Europäischen Sicherheitsstrategie, die vom EU-Außenbeauftragten Javier Solana entwickelt und 2003 vom Europäischen Rat verabschiedet wurde. Ein besonderes Augenmerk gilt dabei der Stärkung der Sicherheit in unserer Nachbarschaft. Die Integration der beitretenden Staaten erhöhe zwar unsere Sicherheit, bringe die EU aber auch in größere Nähe zu Krisengebieten. »Wir müssen darauf hinarbeiten, dass östlich der Europäischen Union und an den Mittelmeergrenzen ein Ring verantwortungsvoll regierter Staaten entsteht, mit denen wir enge, auf Zusammenarbeit gegründete Beziehungen pflegen können.«[98]

Mehr Sicherheit – größerer Einfluss

Allein der Beitrittsprozess, vor allem aber eine EU-Mitgliedschaft der Türkei lassen diese Ziele näher rücken. Umgekehrt würde ein Scheitern des Prozesses weiter zur Destabilisierung der Krisenregionen im Nahen Osten, dem Kaukasus und der Schwarzmeer-Region beitragen. Ohne eine Verankerung in der EU wäre die Rolle der Türkei in der Region nachhaltig geschwächt. Die zunehmende Einbindung in die EU macht die Türkei für ihre Nachbarn verlässlicher. Auf sich gestellt wäre sie zu schwach, Orientierung zu geben und nachhaltigen Einfluss in ihrer Nachbarschaft auszuüben. Dies umso mehr, als ein Scheitern des Beitrittsprozesses die Türkei selbst in eine tiefe Orientierungskrise stürzen und destabilisieren würde.[99] Aus diesen geostrategischen Gründen befürworten die USA seit langem eine Mitgliedschaft der Türkei in der EU. Es ist deshalb grotesk, wenn den USA unterstellt wird, sie wollten die EU durch einen Türkei-Beitritt schwächen. Eine starke EU liegt nicht nur objektiv im amerikanischen Interesse. Die Präsidenten der USA haben auch immer wieder deutlich gemacht, dass sie ein starkes Europa als Partner an ihrer Seite wollen.

Lange Zeit hatte die Türkei ihren Nachbarn eher den Rücken zugekehrt. Die Beziehungen zu Armenien blieben historisch vergiftet und waren schlecht; mit Syrien gab es Streit wegen der türkischen Staudamm-Projekte im Oberlauf von Euphrat und Tigris und syrischer Unterstützung für die PKK. Das hat sich geändert. Die AKP-Regierung hat eine »Politik der null Probleme« mit allen Nachbarn proklamiert, die erste Früchte trägt.

Ausgleich mit Armenien

Mit Armenien unterzeichnete der türkische Außenminister Davutoglu nach monatelangen Geheimverhandlungen in der Schweiz am 10. Oktober 2009 zwei Protokolle, die den Weg zu gutnachbarschaftlichen Beziehungen ebnen sollen. Botschafter sollen ausgetauscht und die 350 Kilometer lange Grenze soll geöffnet werden. Eine historische Kommission soll eingesetzt werden, die durch eine »unparteiische wissenschaftliche Prüfung der historischen Akten und Archive« zu einem Dialog über die Vergangenheit beitragen soll, der Vertrauen bilden kann.

Noch bedarf es aber der Zustimmung der Parlamente beider Länder, um den vereinbarten Zeitplan einhalten zu können. Und diese lässt auf sich warten, denn inzwischen fordert Aserbaidschan, dass die türkisch-armenische Grenze erst dann geöffnet werden dürfe, wenn Armenien die Besetzung der aserbaidschanischen Gebiete aufgegeben habe. Andernfalls werde man seine Öl- und Gasexportpolitik zum Nachteil Ankaras umorientieren und Investitionen aus der Türkei abziehen.

Selbst wenn durch diese Verknüpfung mit dem seit 1993 »eingefrorenen« Konflikt um Nagorny-Karabach zusätzliche Komplikationen eingetreten sind, bleibt doch festzuhalten, dass sich die Türkei um eine deutliche Verbesserung ihrer Beziehungen zu Armenien bemüht. Dies findet auch Widerhall in der türkischen Gesellschaft, wie Ende 2008 eine Internet-Petition türkischer Intellektueller zeigte, in der Armenien um Entschuldigung für die Grausamkeiten der Jahre 1915/16 gebeten wird: »Ich entschuldige mich. Mein Gewissen akzeptiert nicht, gegenüber der Leugnung der Großen Katastrophe, die den Armeniern des Osmanischen Reiches widerfahren ist, gleichgültig zu bleiben. Ich weise diese Ungerechtigkeit zurück und entschuldige mich bei meinen armenischen Brüdern und Schwestern, deren Gefühle und Schmerzen ich teile.« Über 30.000 Menschen unterstützten diesen Text mit ihrer Unterschrift binnen weniger Wochen.

Annäherung an Syrien und die arabischen Nachbarn

Die Beziehungen zu Syrien haben sich seit 2004 durch zahlreiche bilaterale Verträge, darunter ein Freihandelsabkommen, so gut entwickelt, dass die beiden Außenminister am 13. Oktober 2009 ein Protokoll zur Aufhebung der gegenseitigen Visumspflicht unterzeichnen konnten. Dieser Annäherungsprozess an die Türkei eröffnet Syrien die Möglichkeit, sich aus der engen Anlehnung an den Iran zu lösen, und erhöht somit auch die Einflussmöglichkeiten des Westens und der internationalen Staatengemeinschaft, Iran zu einer Korrektur seines Nuklearprogramms zu veranlassen.

Im Libanon nimmt die Türkei seit Oktober 2006 mit maritimen Kräften an der UNIFIL-Mission teil. Wie Deutschland leistet die Türkei damit einen Beitrag zur Befriedung des Landes.

Nicht zuletzt sind die Stabilisierung des Irak und sein Zusammenhalt für die Türkei wie für die EU von herausragender strategischer Bedeutung. Inzwischen sind die Beziehungen zu den Kurden im Nordirak normalisiert. Es war die Türkei, die sich mit Erfolg für die Nachbarschaftskonferenzen eingesetzt und auf diese Weise auch einen Beitrag dazu geleistet hat, dass sich im Mai 2007 bei einer dieser Konferenzen in Scharm El-Scheich erstmals Vertreter der USA und Irans offiziell gegenübersaßen.

Aber nicht nur indirekt will die Türkei darauf hinwirken, dass der Iran, mit dem das Land seit 370 Jahren eine stabile Grenze teilt, kein Atomwaffenstaat wird. Man mache dies Teheran in Gesprächen immer wieder deutlich, heißt es in Ankara. Dabei entfernt sich die Türkei in der Vorgehensweise gelegentlich von der EU. Hochrangige Treffen zwischen Ministerpräsident Erdogan und dem iranischen Präsidenten Ahmadinedschad können von iranischer Seite auch als Distanzierung von dem diplomatischen Druck verstanden werden, mit dem die EU zusammen mit den USA, Russland und China den Iran zum Einlenken bewegen will. Dies gilt umso mehr, wenn Erdogan zu den ersten Gratulanten Ahmadinedschads nach den manipulierten iranischen Präsidentschaftswahlen gehört, an denen die Türkei jegliche öffentliche Kritik ebenso vermissen ließ wie am gewaltsamen Vorgehen der iranischen Sicherheitskräfte gegen friedliche Demonstranten.

Mangelnde Trittsicherheit bewies die türkische Diplomatie auch, als der sudanesische Präsident Bashir trotz eines gegen ihn vorliegenden internationalen Haftbefehls zum Wirtschaftsgipfel der Organisation der Islamischen Konferenz im November 2009 nach Istanbul eingeladen wurde, oder als Erdogan mit Blick auf den Sudan schlankweg behauptete, Muslime könnten keinen Völkermord begehen, nachdem er Israel im Zusammenhang mit dem Gaza-Krieg ebendies vorgeworfen hatte.

Strategischer Partner für Israel

Trotzdem bleibt die Türkei der einzige strategische Partner Israels in der Region. Seit 1996 gibt es eine enge Zusammenarbeit zwischen den Streitkräften und eine intensive Rüstungskooperation. Die Belastungen durch die Gaza-Krise im Dezember 2008 haben in der Türkei zu wachsenden Widerständen gegen die strategische Partnerschaft mit Israel geführt. Antiisraelische Serien im türkischen Fernsehen und die ungeschickte israelische Reaktion darauf haben die Risse weiter vertieft. Trotzdem wollen beide Seiten erklärtermaßen an ihrer strategischen Partnerschaft festhalten. Und auch die EU hat daran ein dringendes Interesse.

Die Türkei hat geholfen, Friedensgespräche zwischen Syrien und Israel in Gang zu bringen. Sie genießt das Vertrauen sowohl der Araber als auch der Israelis. Der arabischen Liga gehört die Türkei als Gastmitglied an. Dies hilft der EU, im Rahmen des Nahostquartetts gemeinsam mit den Vereinten Nationen, USA und Russland zu einer Lösung des Konflikts zwischen Israel und den Palästinensern beizutragen. Ein Ziel, das nach der EU-Sicherheitsstrategie für Europa »eine strategische Priorität« besitzt.

Modell für die arabische Welt

Die Türkei ist eine »soft power« geworden, die gerade wegen des Reformprozesses, der sie als Land mit muslimischer Bevölkerung in die EU führen soll, zunehmend Anziehungskraft auch gegenüber der arabischen Welt entwickelt. Es gelingt der Türkei, was arabischen Staaten noch bevorsteht: autoritäre Strukturen zu überwinden und an ihre Stelle eine funktionierende Demokratie zu setzen. Nach einer TESEV-Meinungsumfrage in sieben arabischen Ländern sehen 61 Prozent das türkische politische System als Modell.[100] Das ermutigt nicht zuletzt arabische Regierungen, die sich öffnen wollen.

In der Arabischen Liga und im Golf-Kooperationsrat hat die Türkei Beobachterstatus und ist Mitglied der Organisation islamischer Staaten. Damit verfügt sie über eine Stimme in einem Forum, das nicht ohne Einfluss ist auf grundsätzliche Einstellungen von Ländern mit muslimischer Bevölkerung. Die AKP-Regierung wird auch in der arabischen Welt als eine wahrgenommen, die auf der Grundlage muslimischer Werte und Überzeugungen handeln will.

Die Türkei wirke kreativ inspirierend auf die ägyptischen Muslimbrüder, sagt der ägyptische säkulare Intellektuelle Abd al-Munim Said.[101] Sie sei erfolgreich, weil sie nicht nach deren schlichter Losung handle: »Der Islam ist die Lösung.« Die AKP halte ihren politischen Gegnern eben nicht einfach den Koran entgegen. So wird in den arabischen Ländern sehr genau verfolgt, wie die EU mit der Türkei umgeht.

EU-Perspektive für türkischen Einfluss entscheidend

Je größer der beschriebene Einfluss der Türkei in der Krisenregion des Nahen Ostens ist, desto größer ist auch der potenzielle Nutzen für die EU. Für die Staaten und Gesellschaften der Region ist die Türkei umgekehrt umso wichtiger und interessanter, je mehr sie auch außerhalb der Region Gehör findet. Nach der TESEV-Umfrage befürworten 57 Prozent die EU-Mitgliedschaft eines muslimischen Landes. 64 Prozent sind davon überzeugt, dass der türkische Beitrittsprozess sich positiv auf die Beziehungen der Türkei mit der arabischen Welt auswirkt.[102]

Am Golf hoffen säkulare Intellektuelle darauf, dass die EU die Türkei nicht zurückweist. Sie fürchten, dies würde gerade die Radikalen unter den Islamisten stärken. Jene würden erneut ganz auf die Scharia setzen und darauf verweisen, dass Mäßigung und Wandel sich nicht lohnten. »Eine Türkei, die nicht auf den Nahen Osten ausstrahlt, ist für Europa von geringerer Bedeutung, und eine Türkei, die vor die Tore Europas gewiesen wird, ist kein Beispiel für die arabischen Muslime«, so auch das Fazit des Türkei-Korrespondenten der FAZ, Rainer Herrmann.[103]

Über die Türkei könnte die EU auch auf den südlichen Kaukasus stabilisierend einwirken. Mit den Bemühungen um eine Verbesserung ihres Verhältnisses zu Armenien unternimmt die Türkei wichtige Schritte, die ihr diese Rolle eröffnen. Aufgrund der von Aserbaidschan vorgenommenen Verknüpfung des türkisch-armenischen Verhältnisses mit dem Konflikt um Nagorny-Karabach könnte die Türkei im eigenen Interesse ebenso zur Lockerung der Spannungen zwischen Aserbaidschan und Armenien beitragen.

Um Entspannung im Kaukasus hatte sich die Türkei auch nach dem Krieg zwischen Russland und Georgien bemüht. Ähnlich der OSZE hatte sie 2008 eine Plattform für Stabilität und Zusammenarbeit im Kaukasus vorgeschlagen. Nach anfänglichen Schwierigkeiten gab es bereits einige Treffen zwischen den drei Kaukasusstaaten, Russland und der Türkei. Auf der Ebene der stellvertretenden Außenminister wurden im Januar 2009 in Istanbul erste konkrete Vorbereitungsmaßnahmen zur besagten Initiative vereinbart.

Mehr Einfluss für die EU durch türkischen »Hebel«

Nach Einschätzung der EU-Kommission könnten die Beziehungen der EU zu Aserbaidschan, Georgien und den Ländern um das Kaspische Meer mit seinen reichen Erdölvorkommen durch die türkische Mitgliedschaft gestärkt werden.[104] Und eine reformierte Türkei könnte wiederum bei der Stabilisierung Zentralasiens helfen und dazu beitragen, dass sich mehr und mehr demokratische Werte und rechtsstaatliches Bewusstsein in einer Region durchsetzen, in der nach dem Zusammenbruch der Sowjetunion politische Instabilität herrscht.

Seit dem Beitritt von Bulgarien und Rumänien grenzt die EU an das Schwarze Meer und damit an eine Region, die bisher durch wenig Zusammenarbeit, aber viele Probleme gekennzeichnet ist. Illegale Immigration, Menschenschmuggel, Drogen und organisierte Kriminalität erreichen die EU von dort. Unter der deutschen EU-Ratspräsidentschaft hat die EU der Schwarzmeer-Region deshalb besondere Aufmerksamkeit gewidmet. Mit der Türkei als großem Anrainer des Schwarzen Meeres könnten die EU-Initiativen, die im Rahmen der Schwarzmeer-Kooperation auf den Weg gebracht wurden, zusätzlichen Nachdruck und Dynamik erhalten.

Die Türkei nimmt an den Bemühungen der EU teil, für Stabilität auf dem Balkan zu sorgen und die Länder durch Reformen in die EU zu führen. Sie engagiert sich beim KFOR-Einsatz (Kosovo-Force) im Kosovo ebenso wie bei SFOR (Stabilisation Force) in Bosnien-Herzegowina. Das Engagement der Türkei im Rahmen des Stabilitätspaktes für den Balkan ist der EU hoch willkommen. Wäre es nicht widersinnig, den Empfängern dieser Hilfe eine EU-Perspektive anzubieten und sie einem wichtigen Helfer zu versagen?

Der Lissabon-Vertrag will die EU befähigen, künftig in der Außen- und Sicherheitspolitik stärker als in der Vergangenheit mit einer Stimme zu sprechen. Angesichts weitgehender Interessenkongruenz sollte es auch nicht allzu schwerfallen, die für gemeinsames Handeln notwendige gemeinsame Sicht der Dinge zu erreichen. Mit der Türkei als Mitglied würde nicht nur diese europäische Stimme kräftiger, ihre Mittel, den Worten durch aktive Diplomatie Nachdruck zu verleihen, würden es auch. Dies zeigt auch der ISAF-Einsatz (Einsatz der International Security Assistance Force) in Afghanistan, an dem sich die Türkei gemeinsam mit Deutschland und 42 anderen Nationen beteiligt. Als einziges muslimisches NATO-Land genießt die Türkei in Afghanistan mehr Vertrauen als andere Staaten der westlichen Allianz. Bereits zweimal führte sie das Kommando über die Region Kabul. Sie stellt gegenwärtig 1.750 ISAF-Soldaten und hat auf der Londoner Konferenz den Bau von 68 Schulen durch die türkische Entwicklungsgesellschaft Tika zugesagt. Ankara hat in den letzten drei Jahren bereits vier türkisch-afghanisch-pakistanische Gipfeltreffen organisiert, um zwischen Kabul und Islamabad zu vermitteln. Das sind wichtige politische Vorarbeiten für die Einbeziehung der Region, ohne die eine dauerhafte Stabilisierung Afghanistans nicht möglich ist.

Die Türkei hat ihr Interesse an stabilen Nachbarn und guten Beziehungen zu ihnen durch ihre aktive Außenpolitik der letzten Jahre unter Beweis gestellt. Die Nachbarn der Türkei umgeben Europa wie ein Ring. Bei diesen Staaten hat die EU gemäß ihrer Sicherheitsstrategie ein besonderes Interesse an Stabilität und guter Zusammenarbeit. Schon heute fügt die Türkei ihre Außenpolitik häufig in den Rahmen der gemeinsamen Außen- und Sicherheitspolitik (GASP) der EU ein. Durch eine Mitgliedschaft in der EU wäre dies auch für die Zukunft der Fall. Umgekehrt würde die dauerhafte und gleichberechtigte Teilnahme an der Weiterentwicklung der GASP der Türkei bei ihrer bilateralen Außenpolitik Halt und Orientierung geben – auch in der Beurteilung von Entwicklungen in muslimischen Ländern, bei denen sie gegenwärtig noch nach den richtigen Tonlagen sucht.

Vor allem in den Fragen der gemeinsamen Außen- und Sicherheitspolitik würde die EU von einem Beitritt der Türkei stark profitieren. Die Zusammenarbeit zwischen EU und NATO würde erleichtert, wenn die Türkei in beiden Organisationen Mitglied wäre.

Die Türkei gehört in die EU

Der Umgang mit dem Islam nach außen wie nach innen ist für Europa eine der wichtigsten Herausforderungen des 21. Jahrhunderts. Wir müssen es schaffen, die Konfrontation zwischen dem Islam und dem Westen zu überwinden. Europa kann hierzu einen beispielgebenden Beitrag leisten. Eine EU-Mitgliedschaft der Türkei würde aller Welt deutlich machen: Europa will keinen »Kampf der Kulturen«! Das europäische Modell von Rechtsstaat und Demokratie ist auch eine Perspektive für Länder mit muslimischer Bevölkerung! Europa bekämpft den islamistischen Terrorismus gemeinsam mit seinen muslimischen Verbündeten!

Der Beitrittsprozess der Türkei eröffnet der EU die Möglichkeit, ein aufgeklärtes Verständnis ihrer eigenen Identität zu entwickeln und jahrhundertealte stereotype Selbst- und Fremdzuschreibungen zu überwinden. »Die Union steht allen europäischen Staaten offen, die ihre Werte achten und sich verpflichten, ihnen gemeinsame Geltung zu verschaffen«, so Artikel 2 Absatz 2 des EU-Vertrags. Im 21. Jahrhundert sollten diese Werte in der Universalität definiert und verstanden werden, wie sie von Aufklärung und Französischer Revolution gemeint waren.

Die feste Verankerung der Türkei in der EU schützt das Land dauerhaft vor nationalistischen oder islamistischen Gefährdungen. Eine konstruktive türkische Außenpolitik gegenüber ihren Nachbarn erhält dadurch zusätzliche Glaubwürdigkeit. Mit der Türkei als Mitglied kann die EU ihre stabilisierende Wirkung in ihre unmittelbare Nachbarschaft wie den Nahen Osten, den Kaukasus und die Schwarzmeer-Region wirkungsvoll verstärken und ihre Energieversorgungssicherheit erhöhen.

Die Fortschritte, die die Türkei auf dem Weg in die EU seit ihrer Bewerbungsphase erreicht hat, sind zum Nutzen beider Seiten. Bis es möglicherweise zum Beitritt kommt, vergehen aus derzeitiger Perspektive noch etliche Jahre. Diese können und müssen genutzt werden, um die Türkei auf ihrem Weg weiter zu unterstützen und bestmöglich in Europa einzubinden.

Die Türkei würde zum Zeitpunkt des Beitritts eine andere sein, als sie es heute ist.

Eine demokratische, rechtsstaatliche Türkei, die Minderheiten schützt und achtet, zeigt nicht nur allen Ländern mit muslimischer Bevölkerung, dass Islam, Rechtsstaat und Demokratie zum Wohl der Menschen miteinander vereinbar sind. Die EU-Mitgliedschaft der Türkei dokumentierte gleichzeitig, dass die EU auch für die Konflikte des 21. Jahrhunderts das Modell einer Friedensordnung ist, so wie sie es in den vergangenen 60 Jahren für die Konflikte des 20. Jahrhunderts unter Beweis gestellt hat.

Anmerkungen

1 Ein Europa der zwei Geschwindigkeiten wäre schädlich – ein Gespräch mit dem ehemaligen Bundeskanzler Helmut Kohl über die Europäische Union und ihre Ziele, über die Türkei und weitere Anwärter, Frankfurter Allgemeine Zeitung, 22.01.2004

2 Vgl. dazu Almut Höfert, Die »Türkengefahr« in der frühen Neuzeit, in: Thorsten Gerald Schneiders (Hrsg.), Islamfeindlichkeit – Wenn die Grenzen der Kritik verschwimmen, Wiesbaden 2009, S. 61.

3 Hans-Ulrich Wehler, Das Türkenproblem, Die Zeit, 12.09.2002; vgl. auch Helmut Schmidt, »Nein, sie passen nicht dazu«, Die Zeit, 12.02.2002.

4 Gerhard Schweizer, Die Türkei – Zerreißprobe zwischen Islam und Nationalismus, Stuttgart 2008, S. 325.

5 Almut Höfert, a.a.O., S. 63.

6 Schweizer, a.a.O., S. 17.

7 Heinrich August Winkler, »Wir erweitern uns zu Tode«, Die Zeit, 07.11.2002; Wehler, a.a.O.; vgl. auch Helmut Schmidt, Bitte keinen Größenwahn – Ein Beitritt der

Türkei würde die Europäische Union überfordern, Die Zeit, 25.11.2004.

8 Amartya Sen, Die Identitätsfalle – Warum es keinen Krieg der Kulturen gibt, München 2007.

9 Karl Lamers, Europas Zukunft, vor allem die Frage eines EU-Beitrittes der Türkei, Vortrag vor der Deutschen Bischofskonferenz in Fulda, 24.09.2003.

10 Heiner Bielefeld, Das Islambild in Deutschland, in: Islamfeindlichkeit …, a.a.O., S. 178.

11 Sen, a.a.O., S. 10.

12 Sen, a.a.O., S. 123.

13 Wehler, a.a.O.; Winkler, a.a.O.

14 Wehler, a.a.O.; Winkler, a.a.O.

15 Peter von Ondzara, Türkei und christliches Abendland – Gefahren der Instrumentalisierung eines Begriffs, Internationale Politik, Juli 2005, S. 90ff.

16 Ludger Kühnhardt, 40 Jahre deutsch-französische Beziehungen und die Zukunft Europas, Vortrag auf Einladung der Botschaften Deutschlands und Frankreichs beim Heiligen Stuhl, 30.01.2003.

17 Heilige Ordnung oder Kampfbegriff für Europa, Der Mittelalterhistoriker Werner Maleczek im Interview mit Die Furche, 13.05.2009.

18 Interview Maleczek, a.a.O.

19 Stefan Weidner, Manual für den Kampf der Kulturen – Warum der Islam eine Herausforderung ist, Frankfurt und Leipzig 2008, S. 136.

20 Bielefeld, a.a.O., S. 179.

21 Weidner, a.a.O., S. 139

22 Von Ondzara, a.a.O., S. 92.

23 Bundesamt für Migration und Flüchtlinge (Hrsg.), Muslimisches Leben in Deutschland. Im Auftrag der Deutschen Islam Konferenz, Berlin 2009.

24 Elisabeth Noelle, Thomas Petersen, Eine fremde, bedrohliche Welt, Frankfurter Allgemeine Zeitung, 17.05.2006, S. 5.

25 Weidner, a.a.O., S. 170.

26 Weidner, a.a.O., S. 208.

27 Navid Kermani, »Und tötet sie, wo immer ihr sie findet«, in: Islamfeindlichkeit ..., a.a.O., S. 207.

28 Vgl. hierzu Gudrun Krämer, Islam, Menschenrechte und Demokratie: Anmerkungen zu einem schwierigen Verhältnis. Bertha-Benz-Vorlesung, Ladenburg, 10.07.2003.

29 Europäische Kommission, Verhandlungsrahmen, http://ec.europa.eu/enlargement/pdf/turkey/st20002_05_tr_framedoc_en.pdf, Art. 12.

30 Ralph Giordano, Nicht die Moschee, der Islam ist das Problem, Cicero, Oktober 2007.

31 vgl. Süddeutsche Zeitung vom 04.02.2010.

32 Spiegel Online, http://www.spiegel.de/unispiegel/jobundberuf/0.1518.645054.00.html, 10.09.2009.

33 Ebd., sowie Spiegel Online, http://www.spiegel.de/spiegel/print/d-57038066.html, 19.05.2008.

34 T. C. Basbakanlik, Türkiye Istatistik Kurumu, Dogum Istatistikleri 2001–2008 Yili Sonuclari (Ergebnisse der Geburtenrate für die Jahre 2001–2008), Ankara 2009; vgl. Babypause am Bosporus – Die Türken werden reicher – und wollen immer weniger Kinder, Süddeutsche Zeitung, 12.01.2010.

35 Dokumentation der Ansprache des türkischen Ministerpräsidenten Recep Tayyip Erdogan »Der türkische Mensch bringt nur Liebe und Freundschaft«, Die Welt, 14.02.2008, S. 9.

36 Amt für religiöse Angelegenheiten, http://www.diyanet.gov.tr/german/default.asp.

37 Europäische Kommission, Eurobarometer 71. Public opinion in the European Union, Brüssel 2009, S. 159.

38 PEW Global Attitudes Project, End of Communism Cheered

but Now with More Reservations. The Pulse of Europe 2009: 20 Years After the Fall of the Berlin Wall, Washington 2009, S. 70.

39 Karl Lamers, a.a.O.

40 Unabhängige Türkei-Kommission, Die Türkei in Europa: Den Teufelskreis durchbrechen. Zweiter Bericht der Unabhängigen Türkei-Kommission, September 2009, S. 51.

41 Europäische Kommission, Eurobarometer 61 (Comparative Highlight Report), Brüssel 2004, S. 14.

42 Europäische Kommission, Eurobarometer 71. National Report Turkey. Executive Summary, Brüssel 2009, online unter: http://ec.europa.eu/public_opinion/archives/eb/eb71/eb71_tr_en_exec.pdf.

43 Paul Kennedy, Aufstieg und Fall der großen Mächte, Frankfurt 1989.

44 Stiftung Bundeskanzler-Adenauer-Haus, Nachlass Adenauer, III/61.

45 Europäisches Parlament, http://www.europarl.europa.eu/enlargement/briefings/23a2_de.htm#F7.

46 Europäischer Rat (Kopenhagen), Schlussfolgerungen des Vorsitzes, 22.06.1993.

47 Europäischer Rat (Brüssel), Schlussfolgerungen des Vorsitzes, 15./16.06.2006, Art. 53.

48 Bulletin der Bundesregierung Nr. 163, 13.09.1963.

49 Europäischer Rat (Luxemburg), Schlussfolgerungen des Vorsitzes, 12./13.12.1997, Art. 31.

50 Bulletin der Bundesregierung, 07.10.1997.

51 Europäischer Rat (Helsinki), Schlussfolgerungen des Vorsitzes, 10./11.12.1999, Art. 12.

52 Europäischer Rat (Kopenhagen), a.a.O., Art. 7 A iii.

53 Europäische Kommission, Verhandlungsrahmen, a.a.O.

54 vgl. Helmut Schmidt, »Einbinden, nicht aufnehmen«, Die Zeit, 05.12.2002.

55 Fragen im Zusammenhang mit der möglichen Mitgliedschaft der Türkei in der Europäischen Union, Arbeitsdokument der Kommissionsdienststellen, Deutsche Fassung, Brüssel, 06.10.2004, S. 38.

56 Gerhard Untiedt, Die potentiellen Auswirkungen der Revision der volkswirtschaftlichen Gesamtrechnung der Türkei auf die Verteilung der EU-Strukturfondsmittel in der Förderperiode 2007 bis 2013, GEFRA Gesellschaft für Finanz- und Regionalanalysen, Münster 2008, S. 2.

57 Fragen im Zusammenhang ..., a.a.O., S. 53f.

58 Türkei Fortschrittsbericht 2009, Arbeitsdokument der Kommissionsstellen, deutsche Fassung, Brüssel, 14.10.2009.

59 Kai Strittmatter, Der lange Weg der Türkei, Süddeutsche Zeitung, 15.10.2009.

60 Günter Seufert, Die Zeit, 19.09.2002.

61 Michael Thumann, »Die Türkei passt rein«, Die Zeit, 19.02.2004

62 »Erste Umrisse sind erkennbar«, Frankfurter Allgemeine Zeitung, 27.11.2009; »Unglaublicher Verlust«, Interview mit Sebahat Tuncel, Der Spiegel, 19.12.2009; Heinz Kramer, Mutige Öffnung in der türkischen Innen- und Außenpolitik, SWP, Berlin, September 2009.

63 Kramer, a.a.O., S. 3.

64 Jan Senkyr, Die Stellung der Armee in der türkischen Politik und Gesellschaft, Länderbericht der Konrad-Adenauer-Stiftung, 05.01.2009.

65 Senkyr, a.a.O., S. 2.

66 Türkei Fortschrittsbericht 2009, a.a.O., S. 11.

67 Dirk Tröndle, Das Verhältnis von Islam und Demokratie in der Türkei zwischen Islamisierung der Politik und Politisierung des Islam, in: KAS-Auslandsinformationen 12/2007.

68 Vgl. Amt für religiöse Angelegenheiten, http://www.diyanet.gov.tr/german/default.asp.

69 Otmar Oering, Leiter der Fachstelle Menschenrechte bei missio, in: The European, 25.12.2009.

70 Franz Kangler, Die christlichen Minderheiten in der Türkei und die Verhandlungen der Türkei zum EU-Beitritt, Vortrag 2007, http://www.missio.at/fileadmin/media_data/dioezesanstellen/steiermark/downloads/Kangler_Christliche_Minderheiten_in_der_Tuerkei.pdf.

71 Europäische Kommission, Turkey 2009 Progress Report accompanying the Communication from the Commission to the European Parliament and the Council. Enlargement Strategy and Main Challenges 2009–2010, Brüssel 2009, S. 27.

72 Ökumenischer Patriarch, http://papalvisit.ecupatriarchate.org/press/articles.php?id=61.

73 Ökumenischer Patriarch, http://patriarchate.org/documents/plenary08.

74 Landeszentrale für politische Bildung Baden-Württemberg, http://www.bundestagswahl-bw.de/frauenwahlrecht.html.

75 Bahar Akcayer Schütte, Ein Überblick der rechtlichen Status von Frauen in der Türkei, Powerpoint, http://www.migrapolis-deutschland.de/fileadmin/Dokumente/Frau__Mann__Gender/T%C3%BCrkei_Frauenrrechte.pdf.

76 Schütte, a.a.O.

77 Tümgazeteler, http://www.tumgazeteler.com/www.gundem.info/?a=4855607.

78 Befragung von 12.795 Frauen im Sommer 2008 im Rahmen des Projekts »National Research on Domestic Violence Against Women in Turkey«, http://www.ksgm.gov.tr/tdvaw/default.htm.

79 Ka-der, http://www.ka-der.org.tr/index.php?p=projeler-devam.

80 Türkei Fortschrittsbericht 2009, a.a.O., S. 37.

81 Eurostat, http://epp.eurostat.ec.europa.eu/tgm/table.do?tab=table&init=1&language=de&pcode=tsieb010&plugin=1.

82 Bettina Luise Rürup, Länderanalyse Türkei: der lange Weg in die Europäische Union, Friedrich-Ebert-Stiftung, Berlin 2009, S. 11.

83 Türkische Botschaft Wien, http://www.tuerkischebotschaftwien.de/v1/0_public/DEU/32_B_.asp; Germany Trade & Invest, http://www.gtai.de/ext/anlagen/PubAnlage_6894.pdf?show=true.

84 Konrad-Adenauer-Stiftung (Hrsg.), Erwartungen an den G20-Gipfel in Pittsburgh. Ein Internationales Stimmungsbild, 2009; Rürup: a.a.O., S. 11.

85 Die Kofferhändler von Laleli, Berliner Zeitung, 24.12.2009.

86 Islam und Kapitalismus – eine türkische Symbiose. Eine religiöse Mittelschicht drängt nach oben und irritiert das alte Establishment, Neue Züricher Zeitung, 09.05.2009.

87 Rürup, a.a.O., S. 11.

88 Bundesbank, http://www.bundesbank.de/statistik/statistik_zeitreihen.php?open=aussenwirtschaft.

89 Angaben der Deutschen Botschaft in Ankara.

90 Wachstumsstaaten. Die Türkei im Wandel: Die Wirtschaft im Grenzstaat zu Asien ist reif für die EU, Süddeutsche Zeitung, 08.10.2008.

91 Geschäftsbericht Villeroy & Boch 2007, S. 70.

92 Eurostat, Energy, transport and environment indicators, Brüssel 2008.

93 Europäische Kommission, Grünbuch. Eine europäische Strategie für nachhaltige, wettbewerbsfähige und sichere Energie, Brüssel 2006 (KOM (2006) 105 endgültig).

94 Oliver Geden, Severin Fischer, Die Energie- und Klimapolitik der Europäischen Union. Bestandsaufnahme und Perspektiven, Baden-Baden 2008, S. 16.

95 Europäische Kommission, Grünbuch, a.a.O., S. 18.

96 »Der Gaspipelinetransit muss mit den Transitstaaten und insbesondere der Türkei (…) geregelt werden.« Mitteilung der Kommission an das Europäische Parlament, den Rat, den Europäischen Wirtschafts- und Sozialausschuss und den Ausschuss der Regionen. Zweite Überprüfung der Energiestrategie. EU-Aktionsplan für Energieversorgungssicherheit und -solidarität, Brüssel, 13. 11. 2008 (KOM (2008) 781 endgültig), S. 5.

97 Entscheidung Nr. 1364/2006/EG des Europäischen Parlaments und des Rates vom 06.09.2006 zur Festlegung von Leitlinien für die transeuropäischen Energienetze und zur Aufhebung der Entscheidung 96/391/EG und der Entscheidung Nr. 1229/2003/EG, besonders S. 9–10.

98 Ein sicheres Europa in einer besseren Welt. Europäische Sicherheitsstrategie, Brüssel, 12. 12. 2003, S. 8.

99 Lamers, a.a.O.

100 The Perception of Turkey in the Middle East, TESEV-Publications 2009.

101 Rainer Herrmann, Wohin geht die türkische Gesellschaft?, München 2008, S. 187.

102 The Perception …, a.a.O.

103 Herrmann, a.a.O., S. 185.

104 Fragen im Zusammenhang …, a.a.O., S. 7.

Inhalt

Mix
Produktgruppe aus vorbildlich bewirtschafteten Wäldern und anderen kontrollierten Herkünften
www.fsc.org Zert.-Nr. GFA-COC-001223
© 1996 Forest Stewardship Council

Bibliografische Information der Deutschen Nationalbibliothek

Die Deutsche Nationalbibliothek verzeichnet diese Publikation in der Deutschen Nationalbibliografie; detaillierte bibliografische Daten sind im Internet über http://dnb.d-nb.de abrufbar.

Umschlag: Groothuis, Lohfert, Consorten (glcons.de)
Herstellung: Das Herstellungsbüro, Hamburg
Druck und Bindung: CPI – Clausen & Bosse, Leck
Printed in Germany
ISBN 978-3-89684-141-4

www.edition-koerber-stiftung.de

Politik braucht Standpunkte!

Christoph Bertram
Partner, nicht Gegner
Für eine andere Iran-Politik
100 Seiten | 978-3-89684-133-9

Stephan Bierling
Die Huckepack-Strategie
Europa muss die USA einspannen
110 Seiten | 978-3-89684-132-2

Georg Blume
China ist kein Reich des Bösen
Trotz Tibet muss Berlin auf Peking setzen
110 Seiten | 978-3-89684-134-6

Erhard Busek
Zu wenig, zu spät
Europa braucht ein besseres Krisenmanagement
90 Seiten | 978-3-89684-131-5

Eric Gujer
Schluss mit der Heuchelei
Deutschland ist eine Großmacht
110 Seiten | 978-3-89684-130-8

Eckart von Klaeden
Kein Sonderzug nach Moskau
Deutsche Russlandpolitik muss europäisch sein
110 Seiten | 978-3-89684-135-3

Stefan Kornelius
Der unerklärte Krieg
Deutschlands Selbstbetrug in Afghanistan
110 Seiten | 978-3-89684-138-4

Adam Krzemiński
Testfall für Europa
Deutsch-polnische Nachbarschaft muss gelingen
110 Seiten | 978-3-89684-136-0

Avi Primor
Frieden in Nahost ist möglich
Deutschland muss Obama stärken
100 Seiten | 978-3-89684-140-7

Michael Rühle
Gute und schlechte Atombomben
Berlin muss die nukleare Realität mitgestalten
100 Seiten | 978-3-89684-137-7

Guido Steinberg
Im Visier von al-Qaida
Deutschland braucht eine Anti-Terror-Strategie
110 Seiten | 978-3-89684-139-1

alle Bände: Euro 10,– (D)
www.edition-koerber-stiftung.de

Internationale Politik, Bildung, Wissenschaft, Gesellschaft und Junge Kultur: In diesen Bereichen ist die Körber-Stiftung mit einer Vielzahl eigener Projekte aktiv. Bürgerinnen und Bürgern, die nicht alles so lassen wollen, wie es ist, bietet sie Chancen zur Mitwirkung und Anregungen für eigene Initiativen.
1959 vom Unternehmer und Anstifter Kurt A. Körber ins Leben gerufen, ist die Stiftung heute mit eigenen Projekten und Veranstaltungen von ihren Standorten Hamburg und Berlin aus national und international aktiv.